KB273764

청춘을
통과하는
그대에게

청춘을 통과하는 그대에게

초판 1쇄 발행 2026년 3월 5일

지은이 산초 티처
펴낸이 서덕일
펴낸곳 오르비타

출판등록 2014.12.24 (제2014-73호)
주소 경기도 파주시 회동길 366 (10881)
전화 (02)499-1281~2 **팩스** (02)499-1283
전자우편 info@moonyelim.com
홈페이지 www.moonyelim.com

ISBN 979-11-995613-0-4 (43370)
값 16,500원

청춘을 통과하는 그대에게

오르비타

　새로운 학기가 시작되면 본격적으로 상담하면서 부모님들의 생각을 전해 듣게 됩니다. 대부분의 부모님들은 자녀가 학교를 다니면서 잘 지내고 있는지, 친구 관계부터 선생님, 학급 분위기에 어떻게 잘 적응하는지 너무도 궁금해합니다.

　저는 학생들을 선발하는 입학부장이며 학교 수업과 생활에 잘 스며들도록 보살피는 교과 교사이기도 합니다. 학교 생활지도와 진학 지도를 하는 입장에서 학생들과 많은 대화를 하려고 노력합니다.

여러분 스스로 동기 부여가 되어 스스로 할 수 있게 환경을 만들어 줘야 한다는 것을 잘 알고 있습니다. 같은 세계관과 공통된 시각 Conspectus communis으로 함께 웃고, 때로는 진지하게 고민을 나누다가 괜히 울컥해서 눈물이 쏟아질 것 같을 때도 수없이 많았습니다. 오랜 시간 누구보다 여러분을 많이 관찰한 한 사람으로 왜, 무엇 때문에 힘든지 그리고 어떻게 하면 그 마음을 조금이라도 위로해 줄 수 있을까 셀 수 없이 고민해 봤지만, 명쾌한 해답을 찾기는 여전히 어려웠습니다.

담임을 맡았을 때도 교과 교사와 진로·진학 상담을 할 때 정해진 연간 스케줄에 따라 사무적으로 학생들을 차례로 부르고, 수첩을 꺼내 취조하듯 상담했던 순간들이 떠오르며 '내가 학생들에게 너무 형식적으로 대해 버린 건 아닐까' 하는 미안함이 앞서게 됩니다. 어느 날, 불쑥 교무실 문을 빼꼼 열고 "산초쌤, 아이스크림 먹고 싶어요. 시간 되세요?"라며 들어오던 고3 아이들. "쌤이랑 그냥 이야기 좀 하고 싶어요"라며 자습 시간에 땡땡이를 무릅쓰고 찾아온 기억들… 이런 순간이 오히려 소중한 공감의 시간이 아니었을까 생각이 듭니다.

---

* 영어 속담 '당신은 말을 물가로 데려올 수 있지만, 물을 마시게 할 수는 없다You can lead a horse to water, but you can't make it drink.'의 라틴어 변형 표현.

마음이 물질을 움직인다.
Mens agitat molem.*

안키세스Anchises가 아들 아이네이아스Aeneas에게 세상을 바꾸는 것은 물질적인 것이 아니라 그것을 움직이는 정신이라는 점을 말했는데, 이 부분이 우리 어른들도 가져야 할 자세가 아닌가 싶습니다.

꼭 진학 상담이 아닌 그저 수다를 떨어도 잘 받아주고, 무슨 이야기를 해도 절대 뭐라 할 것 같지 않은 상대가 부모님이었으면 하고 생각하는 것을 잘 알고 있습니다. 그래서 학교에서 짬을 내서 그런 고민을 털어놓는 시간, 공부로 지친 마음을 잠깐이라도 숨 돌릴 수 있는 시간이 필요한데 이 마저 점점 더 허락되지 않는 현실이 안타까울 뿐입니다.

마침 십대를 위한 위안과 위로가 되는 책을 써 보는 게 어떠냐는 제안을 받았을 때, 처음엔 '뭐, 내가 교직에 30년가량 있었으니까 그쯤이야' 하고 가볍게 생각했습니다. 하루에도 수많은 학생들을 만나고, 상담하고 이야기를 들어주는 사람이니 문제없을 거라 생각했습니다. 그런데 막상 현실을 사는 '십대를 위한 인생 이야기'를 써 보려고, 모든 기억을 소환해서 가져와 보니, 시대는 변하고, '우리도 그 속에서 변한다.Tempora mutantur, nos et mutamur in illis'**라는 말을 다시 느꼈습

---

* 로마 시인, 베르길리우스Vergilius의 작품 『아이네이스Aeneid』 6권에 나오는 문구.
** 16세기 독일의 신학자 카스파르 후베리누스Caspar Huberinu가 오비디우스Ovidius 작품 '파스티Fasti'에 나오는 시간은 흐르고, 우리는 조용한 세월 속에서 늙어 간다Tempora labuntur, tacitisque senescimus annis를 바꾸어 표현한 어구.

니다. 기억 저편의 것을 꺼내어 빠른 세월의 속도에 변해 버린 가치나 의미를 적용하려는 시도는 꽤나 험난한 일일지도 모릅니다.

그래도 조심스럽지만, 작은 도움이라도 되고 싶은 마음에 기억을 더듬어 봅니다. 불쑥 교무실 문을 열고 저를 찾아왔던 아이들의 환한 얼굴. 여러 모습들을 떠올리며, 기억 속에 쌓인 먼지를 천천히 털어내 봅니다. 과거의 경험을 지금 시대 생각에 적용하며, 이야기를 나누고자 합니다.

어느 드라마의 대사가 문득 머릿속에 떠오릅니다. 만약 훗날이라도 "선생님은 최고의 선생님입니까? 아니면 좋은 선생님입니까?"라고 묻는다면,

아이를 가야 할 길로 가르쳐라.
그러면 늙어서도 그 길에서 떠나지 않을 것이다.
Instrue puerum in via sua, et cum senuerit non recedet ab ea.

새로운 환경에서 새로운 시작은 설렘과 불안을 동시에 줍니다. 그 모습에서 여러분의 얼굴을 통해 스스로 잘 적응해보겠다는 다짐이 묻어나 있음을 볼 수 있습니다. 그런데 막상 학교에 오니 바로 옆에 있는 친구가 경쟁자로 느껴지고, 자신이 망망대해 한가운데 있는 외로운 섬처럼 막막함이 밀려옵니다. 변화하는 입시제도에서 부모님의 염려와 잔소리는 더욱 여러분에게 압박을 가중시키기도 하겠지요.

여러분의 막연한 걱정과 염려는 로마 제정 초기의 정치가 타키투

스Publius Cornelius Tacitus가 말한 무지의 단계(1단계)에서 막연한 무지로 인해 두려움 단계(2단계)로 이어지는 과정과 닮아 있습니다. 그럼 우리는 로마의 철학자 세네카Lucius Annaeus Seneca가 강조한 것처럼 두려움을 극복하고 없애려는 긍정적 방향(긍정 3단계)으로 나아갈 것인가, 아니면 두려움을 회피하려는 부정적 방향(부정 3단계)으로 빠질 것인가의 갈림길에 서게 됩니다.

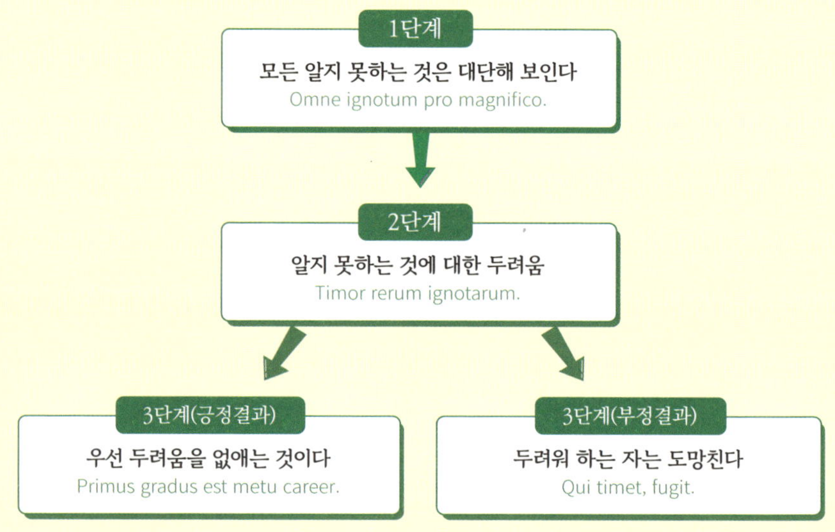

이는 모든 학생들이 학교생활을 시작하며 반드시 거치는 과정입니다. 그리고 이런 단계는 우리의 삶 속에서 끊임없이 발생하고 무한 선택을 요구합니다.

　　결국 학교생활도 단순한 성적 경쟁이 아니라 자신의 두려움을 어떻게 극복하느냐에 따라 달라지는 것입니다. 어떤 선택을 하든 그 과정 속에서 스스로의 길을 찾아가는 것이 중요합니다. 그렇게 첫 번째 단추가 끼워지고 나면, 현실은 생각보다 훨씬 바쁘게 흘러갑니다. 성적 관리, 수행평가, 팀 프로젝트, 동아리 활동, 각종 학교 행사까지 하루하루가 숨 가쁘게 지나가는데, 여기에 학원의 압박까지 더해진다면 정말로 숨이 턱 막힐 것 같은 순간들이 쏟아질지도 모릅니다.

　　우리의 인생은 게임이 아닙니다. 게임에서는 캐릭터가 죽으면 새로운 캐릭터로 갈아탈 수 있지만 실제 삶에서 캐릭터를 탈바꿈하여 다시 시작되지 않습니다. 쉽게 회복되지 않는 지침과 무기력 속에서 진짜 자신을 잃어버릴 수도 있습니다. 그래도 학기 초반에는 '잘 지내보자! 후회 없는 시간을 보내보자!'라는 작은 기대를 품고 하루하루를 버텨 나갑니다. 1주, 2주, 3주… 그렇게 시간을 보내다 보면, 어느새 모의고사와 지필고사가 다가옵니다. 하지만, 학습에 배움만 있고 익힘이 없는 채로 시간이 흐르면 수업도 귀에 들어오지 않고 몸도 마음도 점점 지쳐가게 됩니다. 그리고 기다리던 주말이 된다고 해도 학원과 과제들이 기다리니 이불 속에서 한 발짝도 움직이고 싶지 않은 피로감이 온몸을 짓 누르게 되죠. 눈을 뜨는 것조차 버거운, 그런 순간들이 계속해서 반복될지도 모릅니다.

　　"인생을 멀리 내다 보렴, 너희 인생은 길다."

　　여러분에게 지금 이 말이 전혀 와닿지 않을 수도 있습니다. 하루하루가 끔찍할 정도로 느리게 흘러가는 것 같고, 수업 종이 울리는 시간마저 끝없이 길게만 느껴질 수도 있습니다. 성적이 인생의 전부인 것처럼 세뇌하고 삶 속에 진정으로 어떤 것이 필요하고 의미 있는지 알려주지 않는 학교나 어른들만 있다면, 계속 지쳐만 갈 것입니다.

고대 철학자 세네카Seneca도 학교에서 배우는 것이 실제 삶과 연결되지 않는 현실을 비판하며 이렇게 말했습니다.

우리는 인생을 위해서가 아니라, 학교를 위해 배운다.
Non vitae, sed scholae discimus.

이 문장을 그대로 받아들이는 사람은 아마도 성적만을 바라보며 공부하는 사람일 것입니다. 하지만 세네카가 이 말을 남긴 진짜 의도는 시험을 위한 교육의 본질이 아니라 현실 삶에서 지혜와 가치를 배우는 것이 교육의 목적이라는 점을 강조하기 위함입니다. 따라서 우리는 이 말을 이렇게 해석해야 합니다.

우리는 학교를 위해서가 아니라, 인생을 위해 배운다.
Non scholae, sed vitae discimus.

세네카가 강조하고 싶었던 마음이 오늘날 여러분께 전해지기를 바랍니다. 그럼에도 우리 어른들은 머리로는 이해하면서도 현실에서 어떻게 표현해야 할지 몰라 같은 말을 반복하곤 합니다.

"뭐든지 때가 있어, 지금 공부 열심히 해서 꿈도 크게 갖고 좋은 대학에도 가서 훌륭한 사람이 돼야지."

공부에 대한 집착에 가까운 강요가 있을 뿐, 정작 어떻게 살아야 하는지에 대해서는 누구도 제대로 알려주지 않습니다. 어른들은 성적으로 계층 사다리를 만들어 놓고 좋은 성적이 곧 '바른 생활'이라고 정해진 답처럼 이야기합니다. 모든 사람들이 공부만 해서 대학을 가는 사회도 정상적인 사회가 아닐 겁니다. 하지만 그 선택의 과정이 온전히 스스로 선택하도록 해야 된다는 것입니다.

진정 여러분이 필요로 하는 것은 추상적인 조언이 아니라, 실제 삶에서 길을 찾는 방법입니다. 그렇다면 우리는 이제, 어떻게 살아야 하는지를 함께 고민하는 것부터 시작해야 하지 않을까요?

지금 여러분의 고민처럼 선배들도 똑같은 고민을 하며 학교생활을 보냈다는 사실입니다. 그리고 귀엽게도 졸업장 잉크가 마르기도 전에 그들은 다시 학교를 찾아와 이렇게 묻습니다.

"요즘 애들은 어때요?"

이 질문 속에는 두 가지 대표적인 의미가 담겨 있는 듯합니다.

"우리 때가 더 나았다" 또는 "여전히 엄청 고생하고 있지 않나요?"

이 두 마음이 교차하며, 과거의 자신을 투영하는 듯한 질문하는 것이겠죠.

20년 전 제자들을 만나면 그때 이게 최선이라고 믿고 선택했던 길과 지금 현실의 길이 전혀 다르다고 말하곤 합니다.

우리는 자신의 삶에 대한 아무런 고민도 하지 않고 무작정 멈추는

것도 무작정 서두르는 것도 답이 아니기에 저와 함께 그대의 속도로
원하는 길을 찾아보는 시간이 되길 바랍니다.
 "꾸준히 전진하길 Festina lente."*

* 고대 로마황제, 아우구스투스Augustus의 좌우명.

각자에게
자신의 몫을
Suum cuique

차례

시대는 변하고,
우리도 그 안에서 변한다.
공부
1

어떤 사물은 지금도 예전과 같은 이름이지만, 그 의미와 형태가 변하여 그 개념과 인식이 완전히 달라지기도 합니다. 반대로, 예전과 형태를 알 수 없을 만큼 달라졌더라도 인식하는 그 느낌이나 본질적인 경험만큼은 변하지 않는 경우도 있습니다. 예를 들어볼까요?

'컴퓨터, 자동차, 선생님…'

이 단어들은 30년 전이나 지금이나 같은 이름을 갖고 있지만, 그 느낌이나 형태, 형식, 성능, 무게 등은 엄청나게 달라졌습니다. 30년 전과 지금의 삶에서 실제로 인식하는 방법이 완전히 다릅니다. 컴퓨터는 어느 공간에 있는 필수재로 자리잡았고, 자동차는 160년 역사의 내연기관에서 전자기기에 가까운 형태가 되었습니다. 선생님에 대한 인식도 예전과도 사뭇 다릅니다.

그러나 세상이 아무리 변해도, 학창시절 경험하는 친구 관계, 학교 시험에 대한 부담, 진로 고민 같은 것들은 그때나 지금이나 별다르지 않아 보입니다. 그럼 무엇이 바뀌어야 하는지, 어떤 위로를 해야 하는지 구체적으로 말해달라고 한다면, 30년 된 교사도 솔직히 자신 없는 영역이 되어버립니다.

"얘야, 나도 네 나이 때 다 그랬어"

이말에 대해 하나하나 말하라고 하면 어디서부터 어떻게 다 말해줘야 될지 고민됩니다. 아마 목소리만 높아질 뿐 다른 시대, 다른 환경, 다른 관심사에서 살아가는 그들에게 어떤 말을 해줄 수 있을지 난감합니다. 같은 시간과 공간에 있는 사람조차도 각기 다른 생각을 합니다. 하물며, 세대가 다른 여러분에게 하나하나 구체적으로 설명한다는 것은 더욱 어렵겠지요.

어쩌면 질문한 친구는 대단한 용기 내어 다가온 것일지도 모릅니다. 그런데도 아무 말도 해주지 못한다면, 어쩌면 아무것도 가진 것 없는 어른이 되어 버릴 겁니다. 결국, 크고 둥글게 이야기해도 세월이 지나도 변하지 않는 것이 하나 있다면, 그것은 자기 인생에 대한 '간절함'입니다. 그것은 불가능을 가능하게 만드는 보이지 않는 엄청난 힘이 아닐까 합니다.

로마 철학자 키케로Marcus Tullius Cicero 역시 친구 브루투스Marcus Junius Brutus에게 진정한 웅변가가 되려면 간절함 속에 애정이 있어야 한다고 다음과 같이 말했습니다.

"우리는 전적으로 크고 어려운 일을 시도하고 있지만 브루투스여, 나는 사랑하는 자에게는 아무것도 어렵지 않다고 생각합니다. 나는 당신의 재능, 학문, 품성을 사랑했고 항상 사랑해왔습니다."

Magnum opus omnino et arduum, Brute, conamur; sed nihil difficile amanti puto. Amo autem et semper amavi ingenium, studia, mores tuos.

이처럼 삶을 대하는 간절함은 단순한 바람이 아니라 변화를 만들어 내는 원동력입니다. 위에서 언급한 '아망티amanti'는 '사랑하는 사람에게'라는 표현으로 단순히 로맨틱한 사랑을 의미하는 것만 아닙니다. 오히려 어떤 대상에 깊은 열정을 품고 그것을 이루려는 간절함을 뜻하지요. 이러한 간절함을 품지 않으면 30년 전 10대든 현 시대를 살아가는 10대든 자신이 만들어 놓은 한계의 벽을 깨뜨릴 수 없습니다. 그리고 변화를 추구하지 않는다면, 어려움의 굴레에서 벗어날 수 없을 것입니다.

헤르만 헤세Hermann Hesse 『데미안Demian』에서 막스 데미안Max Demian이 주인공 싱클레어에게 했던 유명한 말이 있는데,

"새는 알에서 나오려고 싸운다. 알은 세계이다. 태어나려고 하는 자는 세계를 깨뜨려야 한다. 그 새는 신을 향해 날아간다. 그 신의 이름은 아브락사스Abraxas이다."

우리는 스스로 만들어 놓은 한계라는 세계 속에서 살아가고 있으리

라 봅니다. 그 세상이 요구하는 좌우, 선악의 이분법적인 사고에 익숙해지기 쉽습니다. 하지만 아브락사스Abraxas는 그러한 구분을 뛰어넘어 모든 것을 통합하는 존재의 개념을 상징합니다. 그럼 왜 헤르만 헤세는 아브락사스를 상징으로 했을까요?

아브락사스는 실재하지 않는 이상적인 존재이지만, 그 개념이 등장하는 순간부터 진실을 깨닫고자 하는 '간절함'을 의미합니다. 이는 마치 고대 그리스 로마 시대의 마법 주문 '아브라카다브라Abracadabra'와도 닮아 있지요. 당시 사람들이 이 주문을 외우며 바랐던 것은 단순한 기적이 아니라 질병이 치유되고, 악령이 물러나기를 간절히 원하는 마음이었습니다. 결국, 간절함은 시대가 변해도 변하지 않는 원동력입니다. 어떤 사람들은 '간절함'을 단순히 사실이 아닌 미신적 '믿음'으로 치부하며 받아들일 수도 있지요.

프랑스 철학자 질 들뢰즈Gilles Deleuze는 욕망과 인간의 불행에 대해 다음과 같이 말했습니다.

"인간을 불행하게 만드는 것은 자신의 욕망이 아니라, 욕망에 대해
가지는 자기 자신의 이미지이다."

욕망, 그것은 간절함 자체가 우리를 불행하게 만드는 것이 아니라
그 욕망을 부정적으로 규정하고 스스로 할 수 없는 일이라고 단정 짓
는 이미지 속에 갇혀버리는 것이 문제라고 말합니다. 간절함을 단순한
미신으로 바라보는 것이 아니라 그 힘을 이루기 위해 끊임없이 노력
하는 자세가 필요할 것입니다. 아무것도 하지 않으면서 정화수를 떠놓
고 비는 것만으로 원하는 것이 이루어질 수는 없습니다. 진정한 간절
함은 행동하는 것입니다.

세상이 많이 변했다는 사실은 부정할 수 없지만 단 한 가지, 시대를
초월해 변하지 않는 것이 있습니다. 그것은 혼란스럽고 불안한 마음,
미래에 대한 불확실함, 선택의 어려움과 끊임없는 고민들입니다. 이러
한 감정들은 과거에도, 지금도 모두가 겪는 보편적인 감정입니다. 우
리가 살아가는 동안 인생의 온전한 정답을 찾을 수 없을지도 모릅니
다. 그래도 한 가지 확실한 것은, 간절한 마음으로 노력하는 사람에게
는 반드시 '보이지 않는 힘'이 작용한다는 것입니다. 그것이 사람이든,

---

* 프랑스 철학자 질 들뢰즈Gilles Deleuze(1925~1995)는 욕망과 주체의 개념을 깊이 탐구
  한 철학자로, "욕망은 억압의 대상이 아니라 창조의 원동력"이라고 주장함.

운명이든, 혹은 또 다른 무엇이든 간에 말입니다.

　우리는 혼자가 아닙니다. 간절함을 품고 노력하면 우리를 번뇌를 극복하며 변화를 만들어낼 수 있습니다.

1

완벽하지 않아도 괜찮아

아무도 완벽하지 않다.

Nemo perfectus est.*

우리는 빨리 나아가야 하는 세상 속에 살고 있습니다. 벌써 주변 친구들은 진도를 나갔고, SNS에서 누구는 멋진 스펙을 쌓고, 학원가의 선행학습 당연한 진리처럼 그것이 당연한 사실로 보이게 합니다. 이처럼 주변 환경은 등 떠밀듯한 마음으로 더 조급하게 만들고, 나보다 더 앞서가고 있다는 생각에 괜히 더욱 불안감이 엄습합니다.

* 로마 시인, 호라티우스Horatius의 작품에 나온 아무도 결점 없이 태어나지 않는다Nam vitiis nemo sine nascitur의 유래한 응용표현.

그러나 그 불안과 비교 속에서 놓치고 있는 것이 있습니다. 지금 이 순간 다른 사람과 똑같을 필요 없는 나 자신. 아직 준비되지 않았고 조금은 서툴고 불완전하지만, 그래도 나만의 모양을 만들어가고 있는 충분한 존재라는 사실입니다.

여러분은 학교생활을 하면서 수많은 조언들을 듣게 됩니다. 하지만 어떤 말은 팩폭으로 너무 날카로워서 마음을 찌르기도 합니다. 그럴 때면, 나를 지켜주고 조용히 한 줄기 빛을 건네주는 누군가가 간절해지기도 합니다. 그럼 오롯이 인생 상담을 할 수 있는 친구 같은 선생님을 찾아보면 어떨까 싶습니다. 여러분의 고민을 들어줄 누군가 분명 있을 것입니다.

여러분은 기계처럼 정답을 찾아내고 쫓아가는 존재가 아니라 삶을 느끼고 방향을 찾는 존재입니다. 공부, 진로, 목표는 남과 비교해서 결정할 수 있는 일이 아닙니다. 스스로 계획하고, 고민하고 느끼며 실패도 해보면서 나만의 길로 조금씩 나아가는 과정이 되어야 합니다. 소위 말하는 명문대를 들어가기 위해 준비했던 수많은 과정, 누구보다 치열하게 고민하고 정답을 찾으려 했던 노력들이 어쩌면 맹목적으로 선택한 것들입니다. 하지만 그 선택 이후에 정당성을 가지기 위해 그 시간에서 성적만 나오면, 정말로 행복할까요?

한 곳만 보고 죽어라 뛰다가 '진짜 나'의 모습을 조금씩 잃어버리는 경우를 많이 봅니다. 만일 해외 여행을 떠났을 때, 스케줄 속에 정해진 여행사가 정해 놓은 관광지만 찍고 온다고 가정해 봅시다. 이것은 지극히 목표 지향적으로 보입니다. 패키지 투어를 가 본 사람은 압니다. 정해진 시간에 모든 것이 착착 움직이지만 그것이 고되어 여행이 아닌 고행이 되기도 하는 걸요. 계획적인 생활에서 안정감과 행복감, 성취감을 느끼는 사람도 있겠지만, 때로는 우연함에서 얻은 기쁨은 행복이 되기도 합니다. 왜 여행을 가나요? 사람 사는 세상을 보고 정말 내가 보고 싶은 것, 먹고 싶은 것, 쉬고 싶을 때 쉬면서 자신이 행복을 느껴야 진짜 여행이 아닐까요!

앞으로 삶의 여정을 걸어갈 여러분이 해야 할 일은, 타인이 대신 만들어 둔 선택에 따르는 것이 아니라 스스로 무엇을 하고 싶은지를 묻고 선택 하는 과정이 '행복 찾기'임을 알아야 합니다. 학교의 방과 후 수업, 학교에서 동아리 등 작은 선택 마저도 주변의 기준이 아니라 내가 정말 좋아하는 것이 무엇인지 고민하고 그 기준으로 선택해야 합니다. 나의 선택이 잘못되면 누군가는 시간 낭비, 불필요한 짓이라 할지도 모르지만, 나를 존중하지 않는 선택은 결국 나를 지치게 하고 목표 없는 사람으로 후회만 남기게 합니다. 그러니 온전히 나의 선택과 행동을 믿고 따라야 합니다.

성적이 기대에 못 미쳐도 하루쯤 아무것도 안 하고 쉬어도, 남들보다 느리게 가더라도 스스로 선택하고, 하고 싶은 것이 있다는 것, 그 자체로 충분한 의미가 있습니다. 경쟁이 때로 자극이 될 수 있지만 그것이 나의 자존감까지 갉아먹는다면 잠시 멈춰도 괜찮습니다.

학기 초에 학교에서 자주 보게 되는 장면이 있습니다. 복도 구석에서 조용히 전화를 걸어 방과 후 수업과 동아리도 묻는 학생들.

"엄마, 이거 어떨까? 그것보다 이게 나은 것 같아! 괜찮을까?"

그 모습을 볼 때마다 안타까움이 밀려옵니다. 그 자신도 스스로 선택할 준비가 되어 있는 친구인데, 왜 가장 중요한 순간에 타인의 판단을 물어볼까… 그러면 저는 고민하는 학생에게 종종 이렇게 말합니다.

"이제부터 엄마가 교복 입고 학교에 등교하셔도 되겠다. 너무 자기 주도적 이시니까, 너 대신 대학도 가시고…"

여러분 스스로 놀고, 배우고, 실패하면서 성장하기를 바랍니다. 학교는 그런 놀이터가 되고 선생님들은 그 놀이터를 안전하게 지켜주고, 안전한 놀이가 되도록 안내자 정도면 됩니다.

라틴어 '루두스ludus'는 '놀이'라는 뜻이지만, 동시에 당시의 '학교'나 '훈련소'라는 의미도 있습니다. 예를 들면 문법 학교Ludus litterarius, 검투사 훈련소Ludus gladiatorius 등 입니다. 이는 놀이와 훈련이 분리되지 않은 문화적 사고방식을 보여줍니다. 즉, '놀이를 통한 훈련'의 개념이 아주 자연스러웠습니다. 지금의 학교와 놀이 방식이 모두에게 다르게 적용되어도 괜찮습니다. 그 안에서 즐거움과 몰입을 경험한다면, 그것이야 말로 진짜 배움입니다.

조금 부족해 보여도, 남보다 느리게 가고 있을지라도, 방향이 흔들려 보일지라도, 자신의 길을 사랑하는 사람이라면, 여러분은 이미 괜찮은 사람이고 앞으로 더 멋지게 성장할 수 있는 사람입니다.

완벽하지 않아도 괜찮습니다. 자신의 길을 정말로 좋아하고 있으니
그것으로 이미 충분합니다.

완벽하진 않아도,
나는 충분하다.

Imperfectus sum, sed satis sum.

완벽해 보이는 사람도
다 연습으로 거기까지 온 거야.
나는 나로써…

나 자신을 지키는 **3가지 공식**

공식 1

내가 선택한 오늘

누군가 아니라, 내가 좋아하는 수업 고르기

공식 2

쉼은 후퇴가 아니라 회복

쉬는 날도 괜찮다. 그것도 계획의 일부라고 생각하기

공식 3

마음을 공감해줄 어른 한 명

입시 상담이 아닌, 마음을 위한 대화를 나눌 수 있는 선생님 한 분 찾아보기

☐ 오늘 한 가지 선택을 스스로 해보기 (수업, 식사, 동아리 등)

☐ 내가 해낼 수 있는 만큼 루틴을 만들어보기 (예: 나만의 공부 시작 루틴)

☐ 내 마음을 말할 수 있는 선생님 또는 어른 한 분과 짧게 인사라도 건네보기

2

왜 하는 이유의 힘

지혜는 힘이다.
Sapientia est potentia.

'나는 왜 공부해야 할까?'

이 질문을 마음에 품어본 적이 있다면, 이미 행동의 본질을 궁금해하고 진짜 공부의 출발선에 서있는 사람입니다. 많은 학생들이 공부하는 것을 참 힘들어합니다. 하루 종일 수업을 듣고, 방과 후엔 학원을 다니고 집에 와서도 숙제와 복습에 시달리는 삶. 그 가운데 마음은 늘 불안합니다.

"학원 안 다니면 불안해요." "정리를 잘 해줘서 시간을 아낄 수 있어요."

　　학생들이 학원에 다니는 방법이 잘못되었다고 말할 수 없습니다. 하지만 앞쪽의 말 속에는 중요한 질문 하나를 놓치고 있습니다.

　　'과연 내가 정말 스스로 공부하고 있는 걸까?'

　　스스로의 불안함을 덜기 위해 학원에 다니고, 누군가 짜 준 스케줄을 따라가며 살아갑니다. 정답을 알려주는 사람이 있고, 요약해 주고 외우게 해주는 사람이 있으면 편하긴 하겠죠. 그러나 그것이 익숙해질수록 스스로 생각하고 계획하는 힘은 점점 사라집니다. 결국 누군가가 시켜야 움직이는 사람이 되어버리는 것이죠. 모두 획일화된 최적의 방법으로 공부하고 성적을 올리려는 하나의 모습으로 정의하고 있습니다. 그러나 그것이 누구나 생각하는 학생의 모습일까요?

　　그리스 로마 신화의 헤르메스Hermes와 아프로디테Aphrodite사이에서 태어난 헤르마프로디토스Hermaphroditus는 소년의 날렵함과 소녀의 부드러움이 함께 있는 그 모습이었습니다. 사람들은 정해진 틀에서 남성과 여성의 혼재된 양성적 존재*인 그 아이를 정의하기 어려워했습니다. 사람들은 당황했지만 단지 두 성의 혼재된 것이 아니라 두 정체성의 경계를 넘어선 새로운 존재라는 것을 깨닫습니다. 힘과 섬세함,

* 헤르마프로디토스가 한 맑은 연못가를 지나고 있을 때, 살마키스Salmacis라는 물의 요정이 살고 있었다. 살마키스는 그를 보고 한눈에 사랑에 빠졌고, 자신과 한 몸이 되게 해달라고 신들에게 기도했다. 신들은 그 간절한 바람을 들어주어 두 존재는 완전히 하나가 되어, 남성과 여성의 특징이 모두 섞인 '양성적 존재', 즉 헤르마프로디토스 Hermaphroditus가 탄생하게 되었다.

〈헤르마프로디토스와 님페 살마키스〉, 바르톨로메우스 슈프랑거, 1580~1582년, 빈 미술사 박물관

직관과 이성, 논리와 감성 등 둘 사이의 장점이 조화로 더 넓은 가능성의 상징이 되었습니다. 어떤 경계 안에서 비교하며 경쟁에서 승리하지 않아도, 존재의 완성으로 남을 수 있다는 것을 보여주었습니다. 결국 헤르마프로디토스는 세상이 정해 놓은 기준과 방식에서 벗어나 있는 '다름'이라는 특징 덕분에 세상에 없던 존재가 되었습니다.

우리의 공부도 마찬가지입니다. 우리가 속한 사회가 정해 놓은 틀에서 순응하고 살아가기 위해서 공부를 하지만 설령 그 안에서 빠르지 않다고 문제를 못 푼다고 인생이 뒤처지는 것은 아닙니다. 단지 공부가 힘들고 지루하게 느껴지는 이유는 암기해야 할 양이 많아서가 아닙니다. 도대체 왜 공부해야 되는 이유를 모를 때, 하기 싫은 노동처럼 가장 지루하고 고된 일이 됩니다. 내가 이걸 왜 배우는지, 어디에 쓸 수 있는지, 어떤 문제를 해결할 수 있을지를 스스로 묻고 답해보지 않는다면 그저 점수만을 위한 공부는 나를 쉽게 지치게 만듭니다.

앞으로의 세상은 더 넓고 깊은 사고력을 요구하고 있습니다. 공부를 통해 나만의 생각을 만들어가고 나만의 방식으로 문제를 해결하며, 나만의 목소리를 말할 수 있는 힘을 기르는 것, 그것이 왜 하는 이유의 힘입니다.

영어의 *study*의 어원은 라틴어 스투디움Studium에서 왔습니다. 이 뜻은 바로 '열정'을 말합니다. 보통은 우리가 열성을 다해 집중하는 것

〈책 읽는 소녀〉, 장 오노레 프라고나르, 1773~1776년, 워싱턴 내셔널 갤러리

은 스스로 재미를 느끼고, 하고 싶은 일인 경우가 많습니다. 그 시대부터 공부는 스스로 선택한 공부일 때 비로소 의미를 가진다고 생각했던 겁니다. 누군가 시켜서가 아니라 내가 알고 싶고 해보고 싶어서 하는 공부는 지치더라도 쉽게 포기하지 않는 힘도 키워 줍니다. 그런 과정이 우리가 사는 공동체에서 어떤 일을 할 때 인내심을 갖고 적극적인 자세로 삶을 임하게 만들어 주는 것입니다.

시간을 단축하고 쉽게 가려는 공부에서 벗어나고 차려준 밥상만 받아먹는 것에서 벗어나야 합니다. 학원에서 쉽게 요약해 준 지문, 정답 찾기만 반복하는 공부가 아닌 스스로 질문하고 찾아보고, 이해하고, 삶과 연결해보는 것이 공부입니다. 문제를 푸는 공식만 외우는 것에서 멈추지 말고 왜 그런 공식이 필요한지, 어떤 상황에서 사용해야 하는지 공부의 본질을 바라보기 바랍니다.

지금은 ChatGPT, 구글AI처럼 쉽게 답을 찾고, 빠르게 정보를 접할 수 있는 시대입니다. 우리가 정말 배워야 할 것은 정보 그 자체가 아니라 정보를 다루는 힘입니다. 과정 속에서 깨우치는 통찰, 생각을 확장시키는 시간, 그리고 의도하지 않아도 얻어지는 연결된 지식과 감각들. 그것이 공부의 본질이자 진짜 공부의 재미입니다. 학원은 정답을 찾고 기술을 빠르게 알려 줄 수는 있지만, 학생 스스로 문제를 읽고 고민하고 실패하며 얻는 시간을 주기는 어렵습니다. 그 편리함에 익숙해질수록 언젠가 혼자 밥상을 차려야 할 순간이 왔을 때, 우리는 막막함을 느끼게 됩니다. 그때 비로소 방법과 과정을 묻게 될지도 모릅니다.

공부를 잘하려면, 먼저 공부의 이유를 찾아야 합니다. 메타인지, 즉 내가 지금 무엇을 배우고 있는지, 어떻게 배우고 있는지를 스스로 아는 힘이 있어야 방향을 잃지 않습니다. 점수 하나에 일희일비하지 않고, 오히려 긴 호흡으로 삶과 연결된 공부를 이어갈 수 있어야 합니다. 거기서 멈추지 않고 그 선택의 있어 실패를 두려워하지 않고, 자신을 돌보며 꾸준히 나아가는 힘, 그것이 오랜 시간동안 쌓여 실력자가 됩니다. 아마도 누군가는 성적이 안 나오면 다 필요 없다고 하겠지만, 점수만 급급하여 자신을 들여다보지 못하면, 사용도 못하고 껍데기는 좋아 보이는 장식용으로만 전락되어 있을지 모를 일입니다.

병을 치료하기보다 사람을 치료하라.

Hominem non morbum cura.*

오늘 다시 스스로에게 진지하게 물어보세요.

'도대체 나는 왜 공부하는가?'

이 질문에 조금씩 대답해 나가는 과정이 여러분의 공부를 지치지 않게 만들고, 삶과 연결된 의미 있는 시간이 되어줄 것입니다. 공부는 잘하는 것보다 그 이유를 아는 것이 더 중요합니다. 공부는 짐이 아니라, 나를 움직이는 힘이 될 수 있어야 합니다. 언제나 여러분의 배움과 자신을 바라보는 진정한 모습을 응원합니다.

---

* 필리핀 간호 교육 기관, Far Eastern University Institute of Nursing의 모토.

공부는 자발적 열정에 의해
실천하는 학문적 태도이다.
나아가 내적 동기에서 비롯된 몰입의 결과이다.

우리는 지식을 향한 욕망,
그 길에 가운데 있다.

공부를 지속하는 **3가지 태도**

태도 1

이유 없는 공부는 지치기 마련이야
내가 왜 배우는지 스스로 물어보기

태도 2

정답보다 '생각하는 힘'이 중요해
문제의 의미와 원리를 이해하려고 노력하기

태도 3

지식은 외우는 게 아니라 연결하는 거야
배운 내용을 다른 경험이나 과목과 연결해보기

☐ 오늘 공부한 것 중에서 '왜 이걸 배우는지' 한 문장으로 써보기

☐ 문제를 풀었다면, '왜 이렇게 푸는지' 친구에게 설명해 보기

☐ 학원이나 인강 요약 대신 내가 직접 한 페이지 정리해 보기

3

시험 점수의 의미

우리는 학교를 위해 배우는 것이 아니라, 삶을 위해 배운다.
Non scholae, sed vitae discimus.

고대 그리스 철학자 소크라테스는 유명한 말을 남겼습니다.

"너 자신을 알라 Nosce te ipsum!"

현대 사람들은 그에 대한 이미지를 '재형상화'*하면서, 이렇게 생각할 수도 있습니다.

'지는 얼마나 잘났길래, 다른 사람에게 저렇게 말할까?'

---

* 재형상화는 대상지시와 독서행위 두 가지를 다 포함하여, 그 두 가지 작업을 통해 텍스트가 말하는 바를 새로운 내용으로 독자의 생활세계에 잇는 생산적인 기제를 말한다.

근데 놀라운 점은 2,400여 년 전, 아테네의 사람들도 그런 생각을 했다는 것입니다. 그러나 그는 멋있는 척, 유식한 척을 하기보다는 '진리Veritas'를 알고 싶었습니다. 비록 혹세무민*으로 몰려 법정에서 삶의 최후 맞는 순간에서도 그의 태도를 들여다볼 수 있습니다.

소크라테스는 항상 스스로 아무것도 모른다고 생각하고 진리를 찾기 위해 수많은 정치가, 시인, 학자 등을 찾아다녔는데, 정작 남들이 그런 자신을 보고 지혜롭다고 하는 말에 충격을 받게 됩니다. 결국 사람들을 선동한다는 죄목으로 그가 법정에 서게 되었을 때, 목숨을 구걸하지 않지 않고 국가를 위해 살았던 자신의 진정성을 부정하기 싫어 스스로 독약 마시는 선택을 하게 됩니다.

> "가장 지혜로운 사람은 소크라테스이다."
> — 델포이 신전의 답변
>
> "삶보다 더 소중한 것은 올바르게 사는 것이다."
> — 법정에서 소크라테스의 마지막 답변

우리는 주변에 종종 높은 점수와 성취에 감탄하지만, 시험 점수는 노력의 성취의 일부일 뿐, 삶 전체를 설명하지는 못하며, 그것이 그 사람의 역량의 전부는 아니라는 것을 어른이 되고 나서야 깨닫습니다.

---

* 세상을 어지럽히고 백성을 미혹하게 하여 속임.

〈독배를 마시는 소크라테스〉, 자크 루이 다비드, 1787년, 메트로폴리탄 미술관

이 책을 읽는 당신은 어떤 사람인가요? 그리고 무엇에 열정을 느끼고, 어떤 가치를 소중히 여기나요?

끊임없이 던지는 이 질문은 앞으로의 삶을 지탱할 가장 깊은 뿌리가 됩니다. 진짜 실력은 누군가가 정해 놓은 문제에 답을 잘하는 능력이 아니라 소크라테스처럼 우리 삶을 어떻게 살 것인가에서 비롯됩니다. 지금 그 정답을 찾기 위해 함께 고민하는 선생님들의 대화가 있습니다.

[선생님들의 짧은 대화]

"애들이 참 너무 귀엽고, 예뻐요. 그런데, 학교 생활이 너무 힘든 가봐요."

"아이들이 무엇 하나라도 더 잘 챙길 수 있도록 도와줄 수 있는 방법은 없을까요?"

한 젊은 선생님은 그렇게 말했습니다.

그 물음엔 점수가 아닌 학생을 보는 따뜻한 시선이 담겨 있었습니다. 또 어느 선생님은 말했습니다.

"요즘은 아이들이 예전 같지 않다는 말 보다 지금의 아이들에게 맞는 교육, 필요한 교육이 무엇인가를 끊임없이 맞는 방식을 되묻고, 노력해야 하지 않을까요?"

가끔은 젊은 선생님들이 수업이나 학업 관련이 아닌 부분으로 학생들과 또래 친구처럼 노닥거리는 것이 마음에 안 든다 싶다가도 학생들이 그 선생님에게 마음의 문을 열고 나가서는 모습을 보면서, 선배 교사인 제가 어떤 시선을 가져야 하는지 다시 돌아보게 됩니다. 수업의 목적은 단순한 암기나 암산의 훈련이 아니라 수업시간에 눈을 뜨고, 즐거워하고, 느낄 수 있는 수업. 이해하고 생각하며, 연결하고 질문하게 하는 것이어야 하겠지요.

말이 아닌 행동.

Acta non verba.*

학교 선생님들도 어쩔 수 없이 결과를 바라보고 독려해야 하는 현실에서 조급함을 느끼기도 합니다. 성적이 떨어졌을 때 실망한 표정, 등수가 올랐을 때 반색하며 기뻐하는 반응이 결국 학생들에게 '성적이 전부'라는 잘못된 메시지를 주기도 합니다. 그래서 어른인 교사도, 부모도 무엇을 말하고 가르치려 하기보다 무엇을 함께 겪고 어떻게 곁에 있어줄 것인가를 고민해야 하겠지요. 공부는 해야 하는 일이지만, 그 공부가 삶과 연결되지 않는다면 그저 학창시절 통과의례로 끝날지도 모릅니다. 그럼에도 공부가 내가 궁금한 것, 내가 좋아하는 것, 그리고 세상과 연결되는 의미 있는 일이 될 때, 그 순간부터 공부는 온전히 나의 것이 됩니다.

---

* 로마 작가. 베게티우스Vegetius의 저서 『군사학 논고De Re Militari』등장 어구.

실제로 수많은 학생들이 점수보다는 하고 싶은 일, 자신의 흥미와 호기심 그리고 나만의 가치를 좇아 움직일 때 놀라운 '몰입과 집중력'을 보이는 것을 많이 봅니다. 그들이 시간 가는 줄 모르고 '몰입'하는 순간엔 성적보다 훨씬 중요한 삶의 힘이 자라고 있는 것입니다. 물론 성적이 중요하지 않다고 말하려는 것은 아닙니다. 공부 역시 재능도 필요하기 때문에 숫자로 나타낸 결과가 그 태도와 마음, 삶의 방향을 대신해 주는 부분이 무엇인지 생각해 봅시다. 그럼 정해진 과목이나 그 밖의 활동에서 몰입하는 것이 무엇이며, 어떤 가치를 지키며 살아가고 싶은가 묻고 싶습니다. 이 질문도 단 한 번에 결론 나는 것이 아니라 평생을 두고 계속 이어지는 삶의 물음입니다. 지금 시험 결과에 실망하고 있고 그래서 나 자신이 초라하게 느껴진다면, 부디 잊지 마세요.

성적보다 더 중요한 것은, 나 자신에 대한 믿음과 태도, 그리고 삶의 자세입니다. 시험이 끝나도 길게 느껴지는 청소년 시기가 곧 끝나가도 삶은 계속되니까요. 우리는 그 삶을 살아갈 준비를 하는 중입니다.

성적표 너머를 바라보는 3가지 시선

시선 1

점수는 '지금'의 일부일 뿐이다

성적은 가능성의 단면일 뿐

시선 2

몰입은 점수보다 강한 힘이다

스스로 좋아서 빠져드는 순간을 소중히 여기기

시선 3

삶은 성적보다 더 긴 여정이다

시험은 끝나지만, 인생은 계속된다는 걸 기억하기

☐ 오늘의 점수에 실망했다면, 그것은 '과정'임을 스스로에게 말해주기

☐ 교과목이 아닌, 한 가지 '내가 좋아하는 것'을 찾아 하루 10분 몰입해 보기

☐ '내가 지키고 싶은 삶의 가치' 한 가지를 자세히 글로 써보기

4

타고남 보다 자라남

변화는 삶의 법칙이다.
Mutatio est lex vitae.*

나름 최선을 다했는데도 결과가 따라주지 않을 때가 있습니다. 밤 늦도록 공부하고 참고 견디며 달려왔는데 성적은 제자리이고 뒤처진 것 같을 때 마음속에 이런 조급함이 고개를 듭니다.

'내가 이렇게 가도 될까, 이쯤에서 그만두는 게 맞는 걸까?'

마음은 계속 불안하고, 자신이 초라하게 느껴지기도 하지요. 그럼

---

* 로마 황제, 마르쿠스 아우렐리우스Marcus Aurelius의 『명상록Τὰ εἰς ἑαυτόν』에 나오는 격언 '변화는 자연의 법칙이다Mutatio est naturae lex'의 파생 표현.

그 노력 자체가 잘못된 게 아니라 방향이나 방법의 차이일 수 있습니다. 어떤 길은 더디고, 어떤 길은 막혀 있습니다. 그렇다고 멈춰야 하는 건 아닙니다. 때로는 '다르게 가보는 것'이 더 멀리 가기 위한 전략이 될 수 있어요. 먼저 지금의 방향이 정말 맞는지, 지금의 방법이 나에게 어울리는지, 스스로 질문을 하고 물어볼 필요가 있습니다.

미국의 영재교육학자이자 심리학자인 렌줄리Joseph Renzulli 교수는 영재 행동Gifted Behaviour 기준으로 단순한 지능IQ, Intelligence Quotient 을 언급하지 않았습니다. 그는 영재의 조건이자, 진짜 의미 있는 성장을 위해서는 세 가지가 필요하다고 했습니다.

그것은 '평균 이상의 지능Above Average Ability', '높은 창의력Creativity' 그리고 '과제 집착력Task Commitment'을 말합니다.

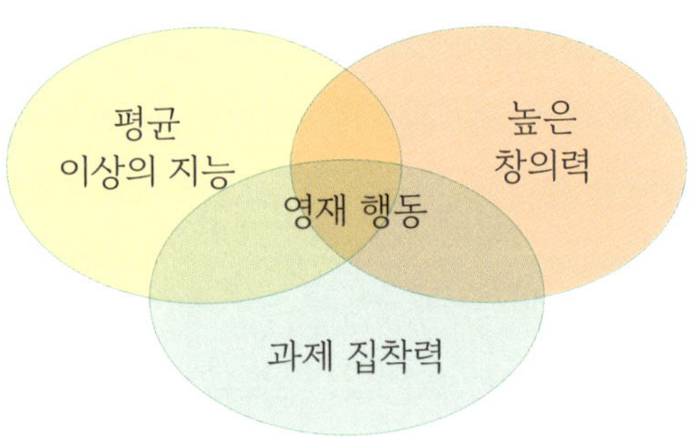

이 가운데 지능은 타고 나는 부분이지만 높은 지능이 아닌 평균 이상의 지능으로 정의했다는 것을 주목해볼 필요가 있습니다. 오히려 다

행인 것은 창의력과 노력하는 능력은 훈련과 태도로 얼마든지 키울 수 있기 때문입니다.

특히 '과제 집착력'은 자신이 정한 목표를 향해 지속적으로 집중하고, 어려움에도 포기하지 않고, 끈기 있게 도전할 수 있는 능력을 말하는데 이 능력은 우리의 삶에서 지능보다 훨씬 더 중요하고, 성공을 이끄는 요소로 작용합니다. 우리는 무의식적으로 누군가의 성공을 타고난 머리 또는 천재성 덕분이라고 치부해 버립니다. 그러나 수많은 연구에서 뛰어난 성취의 바탕에는 언제나 지속적인 시간의 투자와 반복적인 훈련이 있었습니다.

가령, 최고의 연주자들의 연습 기간은 평균적으로 1만 시간 이상*이었다고 합니다. 그들이 특별해진 이유는 타고 나길 잘한 것이 아니라 남보다 오랜시간, 꾸준히 노력을 멈추지 않았기 때문입니다. 즉, 우리가 기대고 의지할 것은 타고난 무엇이 아니라 스스로 만들어낼 수 있는 태도와 자세입니다. 그렇다고 방향 없이 무작정 버티고 가는 것 또한 우리의 에너지를 소모하는 일입니다.

혹시 공부할 때 늘 알고 있거나 익숙한 문제만 반복하면서 '난 실력이 늘지 않아'라고 생각하지 않았나요? 인류는 알지 못하고 불편한 것을 타파해 가면서 발전해왔는데, 편하고 익숙한 것만 반복하고 어려운

---

* 스웨덴 출신 심리학자 안데르스 에릭슨Anders Ericsson의 '1만 시간의 재발견'에서 장기적인 의식적인 훈련Deliberate practice을 언급한 것.

것은 습관적으로 회피하는 태도는 시간을 낭비하는 일입니다. 진짜 도전은 불편한 지점을 직면하고, 익숙하지 않은 방식으로 문제를 다시 바라보는 것에서 시작됩니다. 나의 고집을 내려놓고 다른 사람의 조언을 받아들이는 유연함 또한 성장을 위한 아주 중요한 능력입니다.

> **어려워서 시도하지 않는 것이 아니라**
> **시도하지 않기 때문에 어려운 것이다.**
> Non quia difficilia sunt non audemus, sed quia non audemus difficilia sunt.[*]

지금 여러분이 느끼는 그 변화하지 않는 모습에 대한 답답함. 그것은 스스로가 진심으로 노력하고 있다는 증거입니다. 정말 간절하게 이겨내고 싶기 때문에 괴롭고, 포기하지 않으려 하기 때문에 흔들리는 것입니다. 매일 내가 발전하지 못하고 정체되어 있다고 느낀다면 이렇게 열린 마음으로 생각해 보세요!

'어제의 나보다 0.1%만 발전하자! 오늘 잘 해냈어!'

0.1%이면 아주 미미한 것 같지만 하루 100일 동안 발전하면 10%이나 성장하게 되는 겁니다. 어제의 나와 경쟁하고 약간에 하루 목표치를 가져 보세요. 또 하나가 어려우면 목표치를 줄이고 달성하면 다시 목표치를 올리고 방향을 바꿔가면서 나아가면 됩니다. 여기 나를

---

[*] 세네카Seneca의 『루킬리우스에게 보내는 도덕적 편지Epistulae Morales ad Lucilium』의 104서간에 나오는 구절.

인정하는 이야기를 소개할까 합니다.

고대 그리스에서 유럽의 패권을 주는 당대의 최고 권력자 알렉산드로스Alexander Magnus왕은 유년기에 아리스토텔레스Aristoteles에게 가르침을 받았습니다. 역사상 가장 성공한 군사 지도사로 알려진 만큼 군사학뿐만 아니라 철학·문학·윤리학 등도 두루 갖춘 왕이었습니다. 진정한 힘은 군사력뿐 아니라, 정신적 우위도 중요하다고 생각하고 있었습니다. 그는 퀴니코스Cynicos 학파* 최고의 철학자 디오게네스Diogenes Leartius에게 자신이 당대 왕의 위엄이 절대적임을 알리기 위함이기도 했습니다. 특히 아무 것도 없는 철학자가 왕은 가치가 없다고 말한 그를 찾아 나섰습니다. 그는 자신이 세상을 정복하기 전에 디오게네스Diogenes를 먼저 정복하겠다고 말하며,

"나는 세상의 정복자, 알렉산드로스 왕이다. 무엇이든 원하는 것이 있으면 말해 보아라"

"햇볕을 가리니, 비켜 주시지요."

감히 디오게네스는 왕을 바라보며 말했습니다. 왕의 위엄이 크다고 해도, 개인의 '자유와 진리'를 침해할 수 없다는 의미로 해석됩니다.

디오게네스의 말에 왕과 왕 주위의 호위무사들은 모두 놀랐지만,

"내가 왕이 아니였다면, 디오게네스로 살고 싶다"

---

* 외적인 요소에서 벗어나 자연 속에서 주어진 것에 만족을 추구

<알렉산드로스와 디오게네스>, 니콜라-안드레 몬시오, 1818년, 루앙 미술관

말하며 자리를 떠났습니다. 이 이야기는 진정으로 위대한 사람은 다른 사람의 자유와 생각을 수용하고 존중할 줄 아는 것이라 말합니다. 디오게네스의 행동에서도 본다면, 타인의 기대나 유혹 앞에서도 나 답게 사는 태도를 보여줍니다. 디오게네스는 왕으로부터 세상이 부러워할 만한 제안을 받았지만, 자신에게 진짜 필요한 것이 무엇인지 분명히 알고 있었기에 흔들리지 않았다는 것입니다. 무엇보다 남들이 좋다고 하는 통념을 거부할 줄 아는 디오게네스의 패기도 대단하지만 왕이라는 자리에서 디오게네스의 삶을 인정하는 알렉산드로스도 다시 바라봐야 합니다.

오직 이것이 하나의 길이고, 이것이 없으면 모든 것이 끝나버린다고 굳게 믿으며, 한 길로만 가다가 그 곳에서 얻으려 했던 '나의 미래', '나의 꿈'이 존재하지 않는다면, 얼마나 황망할까요?

우리 삶은 하나의 방향만 있는 게 아닙니다. 잠시 멈춰 숨을 고르고, 다른 길을 선택하는 것도 용기입니다. 여러분 자신만의 길을 찾는 데는 시간도, 실수도 필요합니다. 하지만 언젠가 돌아보았을 때, 오늘의 고민하고, 고생하는 이 시간이 반드시 자신을 위한 지구력으로 발휘될 것입니다. 조금 천천히 가끔 방향을 바꿔 옆을 곁눈질해도 좋습니다. 포기하지 않는 한, 그 길은 분명 여러분이 원하는 곳으로 데려다 줄 것입니다.

끈기 있는 자가 성장한다.
Crescit qui perseverat.

재능은 태어날 때 정해지는 게 아니라,
계속 자라면서 만들어진다.
타고남은 출발선이고, 자라남은 결승선이다.

포기 대신 '다르게' 가는 **3가지 태도**

태도 1

불편 감수

어려운 지점을 피하지 않고 정면으로 마주하기

태도 2

끈기의 믿음

꾸준함은 타고나는 것이 아니라 훈련된다는 믿음 갖기

태도 3

멈춤의 재해석

멈춤을 실패가 아니라 전략적 재설정으로 받아들이기

☐ 지금 가장 어렵게 느껴지는 과목이나 활동 하나 적어보기

☐ 조금 더 잘하기 위해 할 수 있는 한 가지 방법 떠올려보기

☐ 오늘 꼭 한 사람에게 조언 구해보기 (친구, 선생님, 가족)

5

나 답게 나의 속도로

살아라, 네가 살기 위해.
Vive ut vivas.*

학교에서 학생들을 바라보면 개개인이 하나의 우주처럼 느껴집니다. 어른들이 흔히 말하는 한 뱃속에서 나와도 이렇게 다를까라는 말이 있는데 그 말을 정말 실감합니다. 개인의 감정, 기억, 생각, 경험 등이 독자적이고 고유한 세계를 가지고 있어 복잡하게 얽혀 있는 하나의 작은 우주일 수밖에 없습니다. 그럼에도 공통으로 가지고 있는 마음이 있는데 그것은 '불안감'입니다.

----

* 스코틀랜드의 팔코너Falconer 가문과 아일랜드의 포크너Faulkner 가문의 가훈으로 사용

모두가 고유함을 가진 만큼 누가 더 빨리 대학에 가고, 누가 더 빠르게 목표에 도달하느냐에 따라 그 사람의 인생이 결정되지 않습니다.

모든 사람에게는 각자의 때가 있다.
Suum cuique tempus.*

누구에게나 자기만의 시기와 페이스가 있습니다. 지금 눈에 띄지 않는다고 해서, 그 친구가 뒤처진 것은 아닙니다. 어쩌면 내면에서 조용히 성장하고 있는 중일지도 모릅니다. 언젠가 그 사람의 빛나는 계절은 반드시 찾아옵니다.

제가 많은 학생들을 만나며 느낀 것이 있습니다. 반짝반짝 빛나는 학생은 단지 성적만 뛰어난 학생이 아닙니다. 자신의 속도를 존중하면서도 자신이 하고 싶은 것과 해야 할 것 사이에서 균형을 고민하고, 차근차근 걸어가는 학생들이 결국 깊고 넓은 사람으로 자란다는 것입니다.

어떤 친구는 책 읽기나 글쓰기를 좋아하고, 어떤 친구는 조용하지만 깊이 있는 감성을 지녔으며, 다리에 부상을 입어도 운동을 하며 열정을 보이기도 하고, 너무 평범해 보이지만 내면의 강인함을 무장하여 끝까지 정해진 일을 묵묵히 마무리합니다. 겉으로 말만 번드르 하게

---

* 성경, 전도서 3장 1절, '모든 것은 제때가 있고, 하늘 아래 모든 것은 그때에 따라 지나간다 Omnia tempus habent, et suis spatiis transeunt universa sub caelo'의 응용 표현임.

앞세우는 친구들과는 다르게 자신의 속도를 유지하며 노력하는 모습에 때로는 단단한 울림을 주기두 합니다. 그 친구가 언제, 어떻게 우주의 별처럼 빛날지는 누구도 알 수 없습니다. 중요한 건, '자기만의 속도로 걷고 있느냐'는 것입니다.

우리는 거북이와 토끼 우화를 잘 알고 있습니다. 그리스 로마 신화에서 가장 빠른 아킬레스Achilles와 거북이 이야기를 통해 제논의 역설Zeno's paradox을 말하고 있습니다. 꾸준히 최선을 다하는 거북이와 100미터 경주를 하는 이야기로 알려져 있지만 원래 이야기는 이렇습니다.

어느 날 아킬레스는 느린 거북이를 보며 말합니다.

"넌 왜 그리 느려? 경주를 하면 너는 나를 절대 따라올 수 없을 걸."

"네가 아무리 빨라도 내가 먼저 출발하면, 나를 잡을 수 없을 거야."

거북이의 대답에 아킬레스는 비웃으며 경주를 제안했고, 거북이에게 100미터 앞에서 출발하도록 했습니다. 결과는 어떻게 되었을까요? 아킬레스가 100미터를 가면, 거북이는 10미터를 앞서 가고 있었습니다. 당황하며 다시 10미터를 쫓아 갔을 때, 거북이는 1미터를 앞서고 있었고, 다시 1미터를 쫓아 갔을 때, 다시 거북이는 0.1미터를 앞서 있었습니다. 반복해서 거북이를 쫓아가지만, 매번 간격만 좁아질 뿐, 그때마다 아주 조금이라도 거북이가 앞서 있었습니다.

이 이야기는 '제논의 역설'은 수학에서 '무한급수의 수렴 개념'으로

유한한 시간 내에 아킬레스는 거북이를 추월할 수 있음을 말합니다. 아킬레스가 거북이가 있던 지점에 도달하면, 거북이는 이미 조금 더 앞으로 나아가 있고, 이 과정이 무한히 반복되기 때문에 아킬레스는 결코 거북이를 따라잡지 못한다는 논리를 말합니다. 느려도 꾸준히 가는 자가 이길 수 있다는 단순한 이야기로 볼 수 있습니다. 하지만 인생의 은유로 본다면 빠른 존재도 작은 차이를 좁히려면 노력과 겸손이 필요하고, 느려도 꾸준히 방향과 지속을 유지한다면 얼마든지 기회가 있다는 것입니다.

개인차는 있지만 누군가는 점수나 결과 때문이 아니라 자신이 더 알고 싶고, 더 해보고 싶어서 스스로 프로젝트를 기획하거나 친구들과 팀을 꾸려 탐구를 이어 가기도 합니다. '해야 하니'가 아니라, '하고 싶은' 힘이 생기는 것입니다. 우리가 바라는 동기부여는 후자와 같아야 하며 그것이 배움의 시작입니다.

여러분이 쫓아가지 못한다고 조바심 내지 않아도 됩니다. 지금은 조금 돌아가는 것처럼 보여도 나중에는 더 깊고 단단한 사람으로 자라날 수 있습니다. 삶은 지금 이 순간의 속도보다 그 삶을 어떻게 자기답게 채워가느냐가 더 중요합니다.

자신만의 길은 다른 사람과 비교하며 위축될 필요 없이, 도전하고 시도하는 그 자체가 훌륭하고 박수 받을 만한 일인 것을… 우리 인생 절대로 대학만으로 결정나고 끝나는 것이 아닙니다. 인생에서 가장 아름다운 순간은 남들이 정해 놓은 길이 아니라, 남들이 보지 않는 길을 조심스레 걸어갈 때 피어납니다.

우리 모두가 조금 느려도, 조금 평범해 보여도, 그 안에 담긴 자기다움을 응원하며 오늘 하루도 앞을 향해 걸어가 보는게 어떨까요?

일본의 유명작가이자 마라톤 풀코스를 27회 완주한 무라카미 하루키는 말합니다.

"중요한 것은 남들이 정한 속도가 아니라, 오직 당신이 정한 페이스입니다."

속도가 아니라 지속성이다.

Non velocitas, sed constantia.

지금 하는 것에 하나의 단어를 앞에 붙이면
다른 시점이 됩니다.
"매일매일" "하루도 빠짐없이"
만약 그것을 부단히 해내는
당신은 대단한 사람입니다.

나답게 걸어가는 3가지 마음자세

마음자세 1

비교보다 자기 존중

남과 비교하지 않는 나만의 리듬 인정하기

마음자세 2

배우고 싶은 마음이 공부의 시작

점수보다 궁금함에서 출발해 보기

마음자세 3

평범함 속에도 깊이가 있음

당장은 티 나지 않아도 꾸준히 나를 쌓아가기

☐ 오늘 하루, 나의 속도대로 할 일 하나 정해보기

☐ 지금 좋아하는 것, 관심 있는 주제 하나 영상 찾아보기

☐ 남의 일정이나 결과를 보는 대신, 내 하루의 의미 돌아보기

우리는
실수하면서 배운다.
진로와 미래
2

"실패를 두려워하지 마! 실패는 성공의 어머니잖아! 이것도 해봐, 저것도 도전해봐."

그나마 선생님 말씀이니 부모님이 말할 때보다는 일단 수긍하거나, 그래도 한번 해볼까라는 생각을 해보는 경우가 꽤 많습니다. 학교는 또래 친구들과 비교나 경쟁이 자연스럽게 이루어지는 공간이기에 비교적 선생님의 조언을 객관적으로 받아들이는 자세를 갖는 편입니다.

하지만 같은 말이라도 부모님이 말할 때는, "네, 한번 해볼게요!"라는 즉답이 나올 가능성은 사실 높지 않습니다. 학교에서 30년 가까이 학생들을 지도하고 있어도 세 자녀의 부모로 딸, 아들과 말이 잘 통하지 않는 순간들을 종종 겪습니다. 물론, 정말 간혹 부모의 말을 곧이곧대로 따르는 순한 아이들도 있겠지만 그런 경우는 매우 드뭅니다. 그럼에도 부모라면 여전히 우리 자녀는 할 수 있다고 믿고 싶어 합니다.

　문제는 그 믿음에서 비롯된 기대감이 오히려 보이지 않는 압박이 되고, 그 기대가 무너질 때 실망과 갈등으로 이어진다는 점입니다. 처음엔 웃음이 섞인 대화로 시작되지만, 결국엔 서로 목소리가 높아지고, 부모와 자녀가 세상에서 가장 말이 안 통하는 사이처럼 느껴지는 순간이 찾아옵니다. 그리고 그 안에서 부모님도, 여러분도 상처를 받습니다. 그렇다고 해서 아무것도 하지 말고 "너하고 싶은대로 행복하게만 살아라"는 말로 모든 것을 덮어버린다면, 행복과 발전이라는 균형은 삶에서 점점 멀어질 수도 있습니다.

　세상의 어른들은 실패해도 괜찮아라고 말합니다. 근데 그 말에는 자신과 직접적인 이해관계가 없는 상황에서 나올 때가 많습니다. 정작 자녀가 실패했을 때는 많은 부모는 실망하며 다그치고, 때로는 감정적인 태도를 보이기도 합니다.

　어쩌면 이런 부모님 모습 역시 '부모로서 첫 실패'를 경험하고 있는지도 모릅니다. 여러분도 살아본 적 없는 인생을 처음 살아가고 있듯, 부모님 역시 처음 자녀를 키워보고 있기 때문입니다. 그렇기에 어른의 실패해도 괜찮다는 말을 선뜻 믿지 못하는 것도 어쩌면 당연한 일입니다. 진정으로 실패를 견디고 다시 일어설 수 있으려면, 스스로 자신을 믿고 사랑하는 마음, 그리고 실패를 받아들이고 안아줄 수 있는 어른의 따뜻한 태도가 함께 필요하겠지요. 그래서 부모님들께 자주 이런 제안을 드립니다. 예민하고 감수성이 넘치는 시기이니 모든 것을 해결해 주기보다는 약간의 거리를 두는 지혜가 필요하다는 겁니다. 너무 가깝게 보호하기 보다는 스스로의 환경을 마련해 주는 것, 그 여정의 중간에서 간접에 휘둘려 직접 맘을 걸기부다는 학교 선생님에게 조심스럽게 도움을 요청해보는 것, 이것이 오히려 더 건강하고 유의미한 성장 경험이 될 수 있습니다. 가능하다면 기숙사 학교에 보내 일주일에 한두 번 정도 얼굴을 마주치는 거리감도 좋은 방법입니다. 그 시간 동안 친구와 대화, 선생님과의 접점 속에서 자신의 존재를 더 객관적으로 바라보고, 부모의 기대가 아닌 자신만의 목소리로 성장의 의미를 찾아갈 수 있는 기회를 얻게 됩니다. 종종 이렇게 말하는 친구들도 많습니다.

"저는 뭘 해도 안돼요. 난 이미 늦어버린 것 같아요."

이제 본격적인 긴 인생을 시작하는 여러분으로부터 그렇게 쉽게 삶을 판단하기는 너무나도 이릅니다. 이처럼 스스로를 가두는 게 새로운 일을 기획하기보다 이미 하고 있는 일을 '새로운 눈'으로 접근하는 것이 훨씬 효과적일 수 있습니다. 스스로도 지금 고민하고 하려는 일을 어떻게 새롭게 재미있게 완성해 갈 수 있을지 고민해 보세요.

중세의 신학자이자 철학자인 토마스 아퀴나스Thomas Aquinas는 신앙을 이성과 철학으로 설명하려 했던 인물이었습니다. 그는 이런 말을 남겼습니다.

새로운 것이 아니라, 새로운 방식으로.
Non nova sed nove.

전혀 새로운 무언가를 시도하려는 불안이나 서투름보다 익숙한 것을 새로운 시선으로 바라보는 태도가 훨씬 더 본질적이라는 것입니다. 이런 통찰은 20세기 초 프랑스의 작가 마르셀 프루스트Marcel Proust의 말로도 이어집니다.

"진정한 발견의 여정은 새로운 풍경을 찾는 것이 아니라 새로운 눈을 갖는 데 있다."
Le véritable voyage de découverte ne consiste pas à chercher de nouveaux paysages, mais à avoir de nouveaux yeux.

이 문장은 여러분의 도전과 성장이라는 주제와 깊이 연결됩니다. 많은 친구들이 실패를 두려워할 때, 외부 환경이나 타인에게 책임을 돌리는 방어기제를 선택하곤 합니다. 이 시기에 어른들이 도와주어야 할 것은 새로운 환경에 무작정 도전하도록 등 떠미는 것이 아니라 지금 있는 자리에서 익숙한 일상이나 자신을 새롭게 바라볼 수 있도록 눈을 틔워주는 정도일 겁니다. 그 안에서 예전엔 너무 작게만 느껴졌고 '자기 자신'이 별 의미 없다고 생각했던 '자신의 경험'을 다시 바라보고, 조금씩 더 존중하고 신뢰하는 마음을 키워가기 시작합니다. 그렇게 시작된 작은 시선의 전환은 결국 도전의 첫 걸음이 됩니다.

1

어른이 된다는 것

육체는 늙어가지만, 마음은 결코 늙지 않는다.
Aetas senescit, animus numquam.

가끔 스스로에게 조용히 묻습니다.

'나는 교사로서, 그리고 부모로서 잘하고 있는 걸까?'

어른이 된 저에게 아무도 정답을 알려주지 않지만, 문득문득 떠오르는 과거의 생각과 장면들이 마음을 조용히 흔듭니다. 교무실 문을 조심스레 열던 아이들, 수업이 끝난 뒤 텅 빈 교실에 조용히 앉아 있던 아이, 상담 도중 눈시울이 붉어지면서도 애써 울음을 참던 얼굴들…

여전히 좋은 선생인지는 잘 모르겠지만, 적어도 필요한 교사가 되고 싶다고 수없이 다짐했습니다.

피그말리온Pygmalion은 그리스 신화에 나오는 키프로스Cyprus에 살던 조각가로, 현실의 여성들에 실망하고 사랑을 믿지 않았습니다. 그는 이상적인 여인의 모습을 상상하며 상아로 된 아름다운 여인 조각상을 만들고, 그 조각상에 갈라테아Galatea라는 이름을 붙입니다. 시간이 지나면서 그는 자신이 만든 조각상을 너무 사랑하게 되고, 여신 아프로디테Aphrodite(로마 신화에서는 비너스)에게 그 조각상에 생명을 불어넣어 달라고 기도합니다. 아프로디테는 그의 진심을 감동적으로 받아들여 조각상에 생명을 주고, 갈라테아는 실제 여인이 되어 피그말리온과 사랑을 하는 존재로 바뀌게 됩니다. 마치 피그말리온이 자신의 조각상 갈라테아에게 사랑을 쏟아붓듯이 학생 한 명, 한 명에게 마음을 다하려 노력합니다.

'학생들을 성장시킬 수 있는 교사로 그리고 가정에서 내 아이를 위한 좋은 부모로 존재하고 있는가?'

저 역시 지금도 여러분과 마찬가지로 스스로 올바른 방향으로 가는지 고민하는 마음이 요동칩니다.

고대 로마 사회에서 남성은 일반적으로 14세가 되면 성년(성인)으로 간주되어 법적 책임을 질 수 있었습니다. 여성은 12세부터 성년으로 인정되었고, 결혼도 가능했습니다. 하지만 이 연령은 단지 법적 기준일뿐, 완전한 사회적·법적 권한을 가지기 위해서는 추가 요건들이 필요했습니다. 그 당시에도 어른이 되는 과정을 나이로만 정하지 않고 남성은 로마의 시민권과 부여된 투표권, 소유권, 군 복무 등의 권리를 가지며, 여성은 아버지, 남편의 권위 아래 있었습니다. 한편, 조선시대에는 15세부터 어른으로 인정받을 수 있었으며 실제 혼인을 해야 성인으로 인정되었습니다.

이처럼 시대에 관계없이 어른으로 인정받기 위해서는 사회적 기준과 역할이 필요했고, 사회적인 기준을 갖추었을 때, 모두 어른이 되었습니다. 선생님도, 부모님도, 어른이라는 이름을 달고 있지만, 그 누구도 완성된 채로 어른이 되지 않았습니다. 처음 부모님이 여러분 앞에서 흔들리는 건 당연합니다. 자녀를 어떻게 키워야 하는지, 어떤 말이 위로가 될지, 무엇이 상처가 될지, 모든 것이 조심스럽고 어렵습니다. 그래서 때로는 서로를 오해하기도, 실망하기도 합니다. 가끔은 입에 담지 말아야 할 말을 하고, 너무나 후회할 때도 있습니다. 여러분이 성장하는 만큼, 부모님도, 선생님도 모두 함께 배우고 있는 중이라는 것을 반드시 기억해 주세요.

신입생들이 입학하고, 3년 동안 동고동락하며 졸업할 때까지, 정말 많은 정성을 쏟아 붓습니다.

내신 성적, 리더십, 특기 활동, 봉사, 독서와 글쓰기, 토론…

위에 열거한 것들은 단순한 체크리스트가 아닙니다. 학생 개개인의 가능성과 몰입, 자기 주도성과 공동체 의식을 함께 키워내야 한다는 아름다운 이상 속에 담긴 끊임없는 노력과 경쟁, 그리고 학생들의 눈물 가득한 정성이 담겨 있는 기록들입니다. 각자의 체크리스트는 똑같이 만들어지지 않습니다. 3년간의 긴 여정 속에서 자신만의 특별한 모양으로 완성해 나가는 과정입니다. 커가는 몸에 비해 아직 덜 자란 멘탈은, 이 모든 과정을 감당하기에 결코 쉽지 않습니다.

저는 단언합니다. 이 모든 여정은 여러분 혼자가 아닌 선생님 그리고 부모 모두가 함께 만들어가는 것이지만 어른이라고 절대적인 정답을 가진 완벽한 존재는 아니라는 것을요. 오히려 우리 어른은 때로 너무 완벽한 척하려 합니다. 정작 여러분이 진짜 바라는 것은 정답을 알려주는 완벽한 존재가 아니라 자신의 이야기를 들어주고 실수해도 괜찮다고 말해주는 따뜻한 어른일 것입니다.

일선의 선생님들은 학생들이 몰입할 수 있는 즐거운 수업을 설계하려 애씁니다. 사고의 유연성, 의견을 제시하고 협의하는 방식, 글로 정리하고 표현하는 능력, 공공의 이익을 생각하는 시민적 품성까지. 그 모든 것이 대학 입시를 넘어서, 인생이라는 긴 여정의 기본기라고 믿기 때문입니다. 그 기본기를 다져주는 일이 때로는 지루할 수 있습니다. 그렇지만 긴 여정에 도움이 되는 수업을 만드는 것, 그 기본 방침은 결코 흔들리지 않습니다. 때로는 주요 과목이 아니라는 이유로, 생활기록부에 쓰이지 않는다는 이유로 외면당할 때에도, 마찬가지입니다.

학생들이 외치는 "산초쌤~!"이라는 인사에 담긴 기대 그리고 가끔 건네는 말 한마디 속에 숨어 있는 위로.

어른이라는 것은 단지 나이를 먹는다고 되는 것이 아닙니다. 함께 성장하며, 마음을 나누는 일입니다.

믿음이 믿음을 낳는다.
Fides facit fidem.*

믿음에 관한 그리스 로마 신화 이야기를 소개할까 합니다. 크레타Creta 섬에는 미노타우로스Minotaurus라는 괴물이 살고 있었습니다. 절반은 인간이고 절반은 황소의 모습을 한 이 괴물은 미노스Minos가 만든 거대한 미궁Labyrinthum 속에 갇혀 있었지요. 매년 이 괴물에게 제물로 젊은이들을 바쳐야 했고, 그 사실에 분노한 테세우스Theseus는 미궁에 들어가 괴물을 물리치겠다고 나섰습니다. 다만, 괴물을 물리쳐도 그 복잡한 미궁에서 나오지 못한다면, 테세우스로서도 난감한 일이겠지요.

그때 미노스의 딸 아리아드네Ariadne는 단단히 감아 놓은 실타래를 건네며,

"이 끈을 잡고 들어갔다가, 괴물을 무찌른 후 되감으며 나오면 다시 길을 찾을 수 있을 거예요"

테세우스는 아리아드네를 향한 믿음Fides을 간직하며, 그 작은 끈 하나에 자신의 생사를 맡겼습니다. 그는 미궁 속에서 미노타우로스를

---

* 로마 시대 통용표현.

쓰러뜨렸고, 실을 따라 나오는 길을 잃지 않고 무사히 밖으로 나올 수 있었습니다. 우리가 '미궁에 빠지다' 말할 때, 그 미궁은 괴물로부터 인간을 보호하고, 밖으로 나오지 못하게 만들었던 곳으로 잘못 들어가면 영원히 있어야 하는 곳이 될 수도 있었습니다. 테세우스가 그 곳을 빠져나오는 힘은 믿음임을 알고 있었을까요?

이 짧은 이야기에는 큰 메시지가 담겨 있습니다. 삶은 미궁과 같고, 어디로 향할지 알 수 없는 수수께끼 같습니다. 하지만 테세우스가 아리아드네의 작은 끈을 붙잡고 나아갔던 것처럼, 우리 역시 누군가의 믿음을 붙잡을 때 길을 잃지 않습니다.

우리는 저마다 실타래가 있어야 합니다. 믿음은 스스로가 될 수도 있고 책이나 영화에서도 느낄 수 있습니다.

"네가 걸어가는 길을 나는 믿는다"

누군가 확신을 전할 수 있다면 그 믿음을 따라 스스로의 길을 열어갈 것입니다. 저 역시 늘 부족하고 흔들리지만, 그럼에도 불구하고 오늘도 믿음이 믿음을 낳을 수 있다는 것을 다짐합니다. 여러분도 스스로 물음을 품고 미궁 같은 삶 속에 작은 실타래 하나를 건네줄 수 있는 사람으로 성장하며 살아가야 합니다.

지금 여러분의 실타래는 무엇이며, 누군가의 실타래가 될 수 있을까요?

함께 성장하는 3가지 공식

공식 1
어른도 처음
부모님과 선생님도 실수하고 고민하며 자라는 중. 완벽함보다 진심을 봐주기

공식 2
정답보다 관계
혼날까 봐 숨기기보다, 솔직하게 내 마음을 말하는 연습하기

공식 3
우리는 함께 크는 중
나만 성장하는 게 아니라, 어른도 내 옆에서 함께 자라는 것 이해하기

☐ 오늘 부모님 혹은 선생님께 "요즘 저도 이런 생각이 들어요"라고 조심스레 말해 보기

☐ "우리 엄마는 왜 저래"보다 '엄마도 이런 말 하기 힘들었겠지'라고 한 번 생각해 보기

☐ 나를 이해해 주는 사람을 떠올려 보고, 고맙다는 마음을 전달해 보기

나만의 길을 찾아서

나만의 길을 찾아서

고등학교 2학년, 정신없이 학교 동아리, 교내 학회에서 너무도 재미 있게 학교생활을 하고, 뭐든 할 수 있을 것 같은 나에게 2학년이 되는 순간부터 대학이란 것이 많이 가깝게 다가온 것 같다.

나는 아직도 누군가 "너의 꿈은 뭐야?"라고 물으면 대답을 망설인 다. 어릴 적 장래희망을 묻는 질문이 재미있었고, 슈퍼히어로나 과학 자 같은 말을 아무렇지 않게 내뱉곤 했다.

하지만 지금은 그 질문이 부담스럽다. 꿈이 없는 나를 누군가는 준 비가 부족하다고, 열정이 없다고 생각할까 봐 겁이 난다. 사실, 요즘 내 머릿속엔 고민이 많다. 성적이 전부는 아니라고 하지만, 좋은 대학을 가야 더 나은 삶을 살 수 있을 것 같고, 그 더 나은 삶이 무엇인지조차도 나는 아직 잘 모르겠다. 남들이 가는 길이 맞는 것 같기도 하고, 아닌 것 같기도 하고... 그저 혼란스럽기만 하다.

하지만 며칠 전, 스스로에게 처음으로 솔직해졌다.

'나는 어떤 걸 할 때 가장 신나지?'

생각해보니 글을 쓸 때 마음이 편안해지고, 책을 읽을 때 세상이 다르게 보였다. 그리고 다른 친구들과 내가 생각한 것과 다름을 인정하면서, 고집을 부리기도 하고 친구들의 말에 공감 하면서 내가 커 가는 것을 느끼며 '유레카'를 머릿 속에 떠올리기도 한다. 누가 보기에 이런 내 모습이 멋져 보이지 않을지 몰라도, 내가 좋아하고 오래 붙잡을 수 있는 건 그런 것들이었다.

그래서 다짐했다. '정답은 없어도, 나만의 길은 있다.' 지금은 작고 희미하지만, 나만의 꿈을 향해 천천히 걸어보려고 한다. 남들이 인정해주는 삶이 아니라, 내가 보람을 느끼는 삶, 그걸 내가 선택할 수 있다면 그게 나만의 성공 아닐까? 친구가 의사가 되겠다고 옆도 보지 않고, 멋진 변호사가 된다고 해도 나는 그것이 내 것이 될거라고 생각이 들지도 않고, 그렇게 해보겠다고 마음이 가지도 않는다.

앞으로도 수없이 흔들리겠지만, 그래도 나는 믿기로 했다. 내가 걷는 이 길이 언젠가 '나만의 길'이 될 수 있기를.

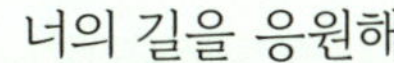

너의 길을 응원해

너의 글을 읽으며 한참을 멍하게 있었단다. "정답은 없어도, 나만의 길은 있다." 그 문장을 읽는 순간, 나도 모르게 고개를 끄덕였어. 그래, 정말 맞는 말이야.

선생님도 너처럼 한때는 매일같이 흔들렸단다. 좋은 대학에 가야 하고, 안정된 직장을 가져야 하고, 어른이 되면 모든 걸 다 알고 있어야 할 것만 같았지.

하지만 지금 돌아보면, 정말 마음에 남는 순간은 따로 있었어. 누가 뭐라고 해도 밤늦도록 교무실에 남아 너희 이야기를 들어주고, 그 이야기에 진심으로 공감하고, 때론 함께 웃고 혼도 내면서 '나도 잘 모르지만, 너희에게 도움이 되고 싶다'는 마음 하나로 용기를 냈던 순간들.

그때의 내가 참 용감했구나 싶더라. 완벽하지 않아도, 너희를 위해 마음을 다했던 그 모습이 이제 와 생각해보니, 정말 최선을 다했다는 안도감으로 돌아오더라.

결국, 내 인생에서 가장 빛났던 순간은 남들이 보지 않던 길을 조심스럽게 걸어갈 용기를 냈을 때였다는 걸... 이제는 확신하고 있어.

너는 내 나이가 오십이 넘어야 알 수 있던 것을 이미 벌써 아주 중요한 걸 알아버렸구나. '꿈은 지금 정답을 내야 하는 게 아니라, 경험 속에서 천천히 발견하는 것'이라는 걸.

누군가는 걷지 않은 길이라도, 그 길을 스스로 만들어 나가는 용기. 돌아갈 수 없다는 건 두려움이 아니라, 내가 선택한 방향을 믿고 끝까지 걸어가겠다는 다짐입니다.

고대 그리스 시인 호메로스Homeros가 쓴 오디세이아Odysseia에서 글에서 볼 수 있습니다. 트로이Troy 전쟁을 마치고 고향 이타카Ithaca로 돌아가는 오디세우스Odysseus 는 10년 동안 떠돌며, 여정 속에서 자신이 누구인지, 진정으로 소중한 것이 무엇인지, 어떤 삶을 꿈꾸는 사람인지를 생각하며 성장할 수 있었습니다. 오디세우스는 트로이 전쟁을 마치고 고향 이타카로 돌아가는 길에 수많은 시련을 겪는데, 대표적인 이야기를 소개하면,

첫 번째, 키클롭스Cyclops의 동굴에서 교만이 부른 화를 겪습니다. 거인 폴리페모스를 속여 탈출하지만, 자신의 이름을 외쳐 자랑하는 순간 신의 분노를 사고 그로 인해 긴 고난의 여정이 시작됩니다. 그는 그때 용기만으로 부족하다는 것을 깨달았고, 지혜와 절제가 있어야 진짜 리더가 된다는 것을 깨우치게 됩니다.

두 번째, 세이렌Siren의 유혹 앞에서는, 배의 돛대에 묶인 채 고통스럽게 노래를 참아내며, 유혹은 단순한 음악이 아니라 방향을 잃게 만

---

* 미국 육군 제116 야전 포병 연대116th Field Artillery Regiment의 모토

드는 달콤한 망각이라는 것을 알게 됩니다. 오디세우스는 스스로를 제어하며 나아갈 방향을 지켰으며, 꿈이 흔들릴 때 필요한 것은 바깥의 소음보다 신념이라는 것을 배우게 됩니다.

세 번째, 칼립소의 섬에서는 신이 되어 영원히 살 수 있는 제안을 받음에도 오디세우스는 그 곳을 떠납니다. 평화로운 유배지보다 기다리는 가족과 자신의 정체성을 선택하고, 돌아가야 할 이유 속에 있다는 것을 알게 되었죠. 호메로스의 글 속 오디세우스는 처음부터 정답을 가진 영웅이 아니었습니다. 실수하고 흔들리며, 경험 속에서 자신이 원하는 삶의 방향을 천천히 그려갔습니다. 그렇게 그의 항해는 단순한 귀향이 아니라 자신을 찾아가는 길이 되었고, 그 길 위에서 비로소 꿈이 명확해지는 모습을 보여줍니다.

시련과 어려움이 닥치는 일이 있어도 그 속에서 우리는 분명 단단해지고 성장할 수 있다는 것을 알 수 있습니다. 세상이 정해 놓은 길이 아닌, 나의 의미를 찾는 길을 걸어가겠다는 다짐을 의식하고 살아야 합니다.

비록 천천히 가더라도 지금의 필요한 건, 삶의 방향 그리고 그 방향은 이미 여러분 마음에 있다는 걸 잊지 말기를…

사람은
각자
자신의 운명을
만든다.

Faber est suae quisque fortunae.

나만의 길을 걷는 3가지 공식

공식 1

정답보다 나다움

내가 끌리는 것, 오래 붙잡을 수 있는 것에 귀 기울이기

공식 2

흔들려도 괜찮아

고민하고 망설이는 과정을 삶의 일부로 받아들이기

공식 3

작은 '좋아함'을 단서 삼기

글쓰기, 책 읽기, 대화 나누기 등 내 마음이 편해지는 순간을 소중히 여기기

☐ '나는 언제 제일 즐거웠지?'를 떠올리며, 마음이 움직였던 순간을 한 줄로 써보기

☐ 진로를 묻는 질문에 "아직 모르지만, 찾아가는 중이에요"라고 자신 있게 말하기

☐ 나를 잘 아는 선생님이나 친구에게 "내가 뭘 좋아하는 것 같아 보여?"라고 물어보기

3

AI 시대, 어떻게 살아가야 할까?

산다는 것은 생각하는 것이다.

Vivere est cogitare.

인공지능AI, artificial intelligence 요즘 많은 사람들이 편하다고 너무 많이 이용하면서도, 앞으로 인간이 할 수 있는 것을 모두 대체하는 시대가 도래한다면 어떻게 할지 걱정합니다.

AI가 글도 쓰고, 그림도 그리고, 문제도 푸는 시대에 우리는 무엇을 해야 할까요?

AI는 하루가 다르게 놀라운 속도로 진화, 발전하고 있습니다. 눈 깜짝할 사이에 수많은 데이터를 정리하고 수십 년 쌓인 지식을 요약해 냅니다. 열심히 여러 자료를 찾아 쓰면서 고생했던 논문도 턱 하니,

091

1/10도 아니고 1/100의 시간을 단축시켜 전의를 상실하게 합니다. 저 역시도 자주 이런 두려움이 생깁니다.

'이러다 모든 걸 AI가 다 하면 우리는 무엇을 해야 하지?'

그런데 여러분, 정말 중요한 질문은 그보다 더 근본적인 것에 있습니다.

'우리는 과연 인간 답게 살아갈 수 있을까?'

물론 AI는 데이터를 분석하고 패턴을 찾아내는 데 있어 탁월합니다. 하지만 AI가 할 수 없는 것이 있는데, 고유한 감정, 공감, 맥락을 이해하는 힘, 그리고 새로운 연결을 만들어내는 상상력과 질문, 가끔 우리는 그저 AI를 맹신하며 우리를 대신해 상상까지 해준다는 순간이 온다면 정말 생각하기도 싫은 끔찍한 순간을 맞이할 수 있다 느껴집니다. 따라서 우리가 살아가며 배워야 할 진짜 역량은 이제 단순한 지식의 양이 아니라 그 지식을 다루는 능력, 그리고 그것을 삶과 연결해내는 태도에 달려 있습니다. 그동안 우리는 정답만을 찾는 교육에 익숙해져 있었습니다. 문제 하나, 정답 하나. 마치 인생에도 하나의 정답만이 있는 것처럼 보이기도 합니다. 그러나 지금 그리고 앞으로는 달라져야 합니다. 미래의 패러다임은 변화Change가 아니라 확장Divergence입니다.

그래서 이제는 '어떤 길이 옳고 좋으냐'보다 '어떤 길이 나에게 맞는 길이냐'를 찾는 것이 더욱 중요합니다. 그래서 외워서 맞추는 능력보다 질문하고 탐색하는 능력으로, 정답을 빠르게 맞히는 사람보다 문제를 스스로 만들고, 다양한 시도를 해보는 사람이 더 빛나는 시대가 되었습니다.

근대 철학의 아버지라고 불리는 르네 데카르트Rene Descartes의 생애에는 흥미롭고 상징적인 일화들이 많이 전해집니다. 데카르트는 게으름으로 유명했습니다. 하루 종일 침대에 누워 사유에 빠지곤 했습니다. 그는 1619년 어느 겨울, 독일의 군대 숙소에서 따뜻한 난로 옆 침대에 누운 채로 일생일대의 철학적 통찰을 얻었다고 말합니다. 이때 철학의 출발점이자 사유의 핵심이 나옵니다.

나는 생각한다. 그러므로 나는 살아간다.
Cogito ergo vivo.*

그날 이후부터 그는 자신의 모든 믿음을 의심하기 시작했다라고 말합니다. 우리 삶에 앞으로 AI는 존재할 수 있지만 질문하고 삶의 의미를 찾으며 살아가는 존재는 오직 인간뿐입니다. 지금 여러분이 해야 할 일은 AI처럼 빠르게 답을 내놓는 것이 아니라 스스로 묻고, 스스로 생각하고, 나만의 방식으로 살아가는 힘을 기르는 일입니다. 결국 세상을 이해하는 힘은 기억력에서 나오는 것이 아닙니다. 깊이 있게 의

---

* 데카르트Decart의 '나는 생각한다. 고로 나는 존재한다Cogito ergo sum'를 응용 표현.

미를 묻고 연결하는 질문에서 나옵니다.

'쟤는 저렇게 하는데, 난 이렇게 하는 게 맞을까?'

그런 마음이 들 때 이렇게 되묻고 싶습니다.

여러분은 자신만의 질문을 갖고 있나요?

지금 여러분의 삶은 아주 바쁘게 돌아갈 겁니다. 학교 수업, 학원 스케줄, 수행평가, 내신 준비, 비교과 활동까지. 하루가 어떻게 지나가는지도 모른 채 반복되는 일상. 또 다른 누군가는 말합니다.

"그래도 성적은 좋아야 하잖아요."

물론, 제도권 안에서는 여전히 수치화 된 점수도 중요합니다.

근데 그것이 전부는 아니라는 겁니다. 당장의 눈 앞에 모든 것이 인생의 전부인 줄 압니다. 확률적으로 좋은 대학을 가는 것이 조금 유리할 수 있는 가능성일뿐 앞으로 세상에서 무조건적인 성공을 뜻하지 않습니다. 인공지능이라는 지금 거대한 변화의 한복판에 서 있습니다. 지식의 양이 아니라, 그것을 어떻게 해석하고 적용하느냐가 중요해진 시대에서 왜 이걸 배우는지, 어디에 쓸 수 있는지, 이것이 내 삶에 어떤 의미를 남기는지를 끊임없이 묻고 답해보는 훈련이 필요합니다. 유튜브를 볼 때도, AI 도구를 활용할 때도, 그것이 어떤 가치를 만들어내는 데 쓰일 수 있을지를 스스로 고민해 보세요. 지금은 단순히 빨리, 많이 하는 사람이 아니라 내가 어떻게 가치있고, 고귀한 인간답게 살아갈 것인지 묻고, 찾는 사람으로 살아가야 합니다.

세상은 무섭게 변하고 있지만, 그 속에서 내가 나로서 살아갈 수 있는 힘은 여전히 '인간다움'에 있습니다. 인간으로서 감정을 갖고 관계를 맺으며 공감할 줄 아는 사람이 디옥 미래에 더욱 빛날 것입니다. 그것이 여러분이 AI와 다른 이유이고, 세상이 여러분을 필요로 하는 이유입니다. 학교에서, 학원에서, 반복되는 스케줄 속에 문득 지치고 방향을 잃은 느낌이 들 때가 있다면 기억하길 바랍니다.

매일같이 이어지는 수업과 과제, 학원과 일정 속에서 무언가 열심히 하지만, 어느 순간 스스로가 낯설고 왜 이걸 하고 있는지 막연해질 때가 있죠. 전 이런 순간에, 성경 속 엘리야 이야기를 종종 떠올리곤 했습니다.

엘리야Elias는 위대한 예언자로 하늘에서 불이 내려오게 하는 기적도 경험했고, 많은 사람들을 올바른 길로 이끈 사람이었습니다. 그런데 그런 엘리야도 어느 날 광야 한복판에서 주저앉아 버립니다.

"주님, 이제 그만두고 싶습니다."*

그는 그렇게 기도하며, 조용히 눈을 감고 쉬고 생명을 포기하려고 했습니다. 자신이 누구인지, 왜 이 길을 걷고 있는지 다 잃어버린 순간

---

* 열왕기상 19장 4절 내용: 그는 스스로 광야로 들어가 하룻길쯤 가서 한 로뎀나무 아래에 앉아 자살하기를 원하여 이르되, "여호와여, 넉넉하오니 지금 내 생명을 거두시옵소서. 나는 내 조상들보다 낫지 못하니이다. Ipse autem abiit in desertum viam unius diei. Cumque venisset, et sedisset subter unam juniperum, petivit animae suae, ut moreretur, et ait: Sufficit mihi, Domine; tolle animam meam: neque enim melior sum quam patres mei"

<엘리야 광야에서>, 프레더릭 레이턴, 1878년경, 워커 아트 갤러리

이었죠. 하지만 하나님은 그에게 "일어나! 정신 차려!"라고 다그치지 않으셨어요. 대신 천사가 조용히 떡과 물을 주고, 충분히 쉬게 해주셨어요. 그리고 말씀하셨습니다.

일어나 먹으라. 네가 갈 길이 아직도 멀다.*
Surge, comede: grandis enim tibi restat via.

엘리야는 다시 힘을 내어 길을 걸으며, 요란한 바람이나 불길이 아니라 작고 조용한 속삭임 속에서 자신의 사명을 다시 떠올리고, 삶의 방향을 찾게 됩니다. 이처럼 가끔은 자유롭게 생각하고 여유를 가지고 쉴 때도 필요하고, 쳇바퀴 돌 듯한 일정에서 잠시 벗어나 나 자신을 생각하는 시간을 갖고 앞으로 나아갈 수 있는 시간도 필요합니다. 미래는 무작정 남과 같은 방식으로 정답을 따라가는 것이 아니라, 자신만의 질문을 품고, 나만의 색으로 세상을 해석하고 나가야 합니다. 정말 하고픈 꿈을 되뇌이고 다시 걸어가는 것을 선택하고 시작하면 됩니다.

---

* 열왕기상 19장 7절

한낮에 내리는 비의 흙냄새를 맡고,
좋아하는 사람과 맛있는 음식을 나누며 행복을 느낍니다.
행복과 자유를 갈망하고 그것을 위해 살기 희망합니다.
인간답게 그리고 나답게 살고자 합니다.

AI 시대를 살아가는 **3가지 태도**

태도 1

정답보다 질문을 더 많이 던지기

빨리 맞히기보다 '왜?'라고 묻는 힘을 기르기

태도 2

지식보다 해석하는 힘 키우기

정보를 외우는 것이 아니라, 내 것으로 연결해보기

태도 3

도구보다 감정과 공감에 집중하기

기계가 할 수 없는 사람의 고유한 능력을 더 소중히 여기기

☐ 오늘 하루, 가장 많이 떠올랐던 질문 하나를 적어보기

☐ 공부한 내용 중에서 내 삶과 연결할 수 있는 한 가지를 스스로 찾아보기

☐ 유튜브나 AI 도구를 쓸 때, 단순 사용을 넘어 '어떻게 활용할 수 있을까' 생각해 보기

4

잠시 멈춘 것뿐이야!

실패할 수 있지만, 실패를 두려워하지 마라.
Fallere licet, nisi falli metuas.

앞서 마지막에 말한 스스로 정말 하고픈 꿈을 되뇌이고 다시 걸어

가는 것을 선택하면 많은 실패를 겪을 수밖에 없습니다. 실패를 자주

하면 마음이 참 괴롭고, 모든 것을 다 잃은 느낌이 듭니다.

'난 왜 이러지? 이만큼 했는데 왜 안 됐을까?'

머릿속에 그런 생각이 자꾸 맴돌고, 주변 사람들의 시선도 괜히 더

예민하게 느껴집니다. 다시 시작해야지, 마음을 다잡아보지만 자신감

은 이미 바닥. 괜히 나만 깜깜한 밤에 우두커니 광장 한복판에 혼자 있

는 것 같고, 할 수 있는 것이 아무 것도 없는 사람이 된 것처럼 위축되

기도 합니다. 그렇게 주저앉은 마음을 다시 일으켜 세우는 일, 정말 쉽

지 않죠. 그럴 때, 꼭 기억했으면 하는 말이 있어요.

"시련은 있어도, 실패는 없다."

많은 사람이 알시다시피 현대그룹 창업자 고 정주영 회장이 했던 말입니다. 넘어지고, 무너지고, 다시 일어서기를 수없이 반복해도 그걸 '실패'라고 하지 않았던 사람들이 있었습니다. 그 시간 마저도 단단함의 과정이라고 믿었던 것입니다. 그런데 솔직히 이런 말들이 귀에 들어오지도 않고, 누구나 말할 수 있고 자신의 상황이 아니니 그냥 뻔한 위로로 느껴지기도 합니다.

각자가 겪는 괴로움은 다르지만, 누구보다 열심히 했다면 더 아파하는 것은 당연한 일입니다. 그곳에서 주저하고 멈췄다면 세상에 성공한 사람들은 존재하지 않았을 것입니다. 멈췄더라도 끝이 아니라는 것을 믿고, 아프지만 다시 노력했던 것입니다. 여러분은 그저 한 걸음 멈춰서 숨을 고르는 중 일뿐 입니다. 숨을 돌려야 다시 뛸 수 있지 않을까요.

고등학교 3년, 대학교 4년, 취업이나 직업 선택도 해야 되고 마치 모든 과정이 정해진 시간표에서 움직여야 한다고 믿으며 조금만 늦으면 실패한 것 같고, 다른 길을 선택하면 이상한 사람처럼 느낀다는 것이죠. 지금 잠시 멈췄다고, 넘어졌다고, 그게 '실패'일까요? 아니에요. 그건 더 멀리 가기 위한 '준비'입니다.

혹시 지금 하루하루가 너무 무겁고 힘들게 느껴진다면, 스스로에게 이렇게 말해주세요.

'괜찮아. 나는 아직 끝나지 않았고, 나의 이야기는 계속될 거야.'

주변 친구들은 벌써 진도를 나갔고, SNS에선 누군가가 멋진 스펙을 쌓고 있고, 여러분이 쉽게 접하는 학원에서는 이렇게 말하죠.

"그렇게 하면 망해요" "지금 선행하지 않으면 늦습니다."

마치 진리처럼 들리는 이런 말들이 여러분을 조급하게 만들고, 불안하게 만듭니다. 확인도 안 된 이야기인데, 마음은 자꾸 등 떠밀리듯 한쪽으로 끌려갑니다. 그래도 어디에서 누군가는 나보다 앞서가고 있다는 생각에 괜히 초조합니다. 그러나 그 속에서 우리가 놓치고 있는 것이 있어요. 지금 이 순간의 나. 다른 사람과 같지 않아도 되는 조금은 서툴고 불완전하지만, 충분히 자기만의 색을 만들어가고 있는 나를 바로 보세요!

앞에서 테세우스Theseus는 고대 아테네의 전설적인 영웅으로 크레타 섬의 미궁에서 미노타우로스Minotaurus를 무찌른 영웅으로 소개했는데, 그가 탔던 배에 관한 이야기를 한번 살펴볼까요.

테세우스는 미노타우로스를 처단한 영웅뿐만 아니라 아테네의 왕 아이게우스Aegeus의 아들이자 후일에는 아테네를 통일하고 질서를 세운 개혁가로도 기억되고 있습니다. 아테네의 최고 영웅의 위업은 당대 시민들의 자긍심이 되었고, 그가 탔던 배는 아테네의 상징이 됩니다. 진짜 '영웅이 탔던 배'였기 때문이죠. 그런데 테세우스가 귀환 후, 아테네 시민들은 그가 탔던 배를 보존하고 기념합니다. 그러나 세월이 지나며, 배의 나무 널빤지들은 점점 썩어가기 시작합니다. 그래서 아테네 사람들은 하나씩, 부식된 부품을 새로운 나무로 교체해 나가기 시작합니다. 물론 그 시기에 가장 좋은 재료라 말하는 것을 여기저기에서 수소문해서 교체하기 시작했던 거죠. 시간이 흐르고 수십 년이 지난 어느 날, 배의 기초 구성인 널빤지, 돛대, 키 등 당시 가장 좋다는 것으로 모두 교체됩니다. 결국 처음 테세우스의 배의 부품은 아무것도 남지 않게 되었습니다. 전투를 하고 귀환할 때, 그 당시에 테세우스와 어울리던 현장감 묻어 나오는 그 원래의 모습은 온데 간데 없이, 사람들이 좋다는 것으로 누더기처럼 교체된 것이 진품이라고 할 수 있을까요? 그러나 그 배는 여전히 '테세우스의 배'로 불리며, 아테네 사람들은 그 앞에서 예를 갖추고 기억을 기립니다.

현대를 살아가는 대다수가 좋다고 하는 것을 모두 대입해 보는 방식, 개념으로서 모두에게 통용되는 '학생의 길'이라고 할 뿐, 원래 진품의 '나만의 길'인지 다시 한번 생각해보는 것이 필요합니다. 위 이야기는 본연의 고유한 색을 지키는 모습 즉, 그 순간의 자신이 가장 멋진 모습이라는 것을 알려주는 이야기입니다.

어려움을 딛고 더 나은 내일로 나아가라.
Ad meliora per ardua.

때로는 나의 속도를 지켜주고 인정해 주는 사람이 간절합니다. 무언가를 정답처럼 해법만 쏙쏙 알려주는 사람이 아니라 조용히 옆에 앉아 내 얘기를 들어주는 사람. 그런 사람이 있다면, 그 한마디는 다시 걸어갈 힘이 됩니다. 공부, 진로, 목표도 비교해서 결정할 수 있는 일이 아닙니다.

　명문대, 인서울이라는 타이틀을 위해 수많은 시간과 노력을 쏟지만 그 안에서 진짜 내 모습이 가려지는 경우도 있습니다. 마치 여행을 하면서도 목적지에 도착하는 데만 집중하느라 창밖 풍경도, 함께 걷는 사람의 표정도 놓쳐버리는 것처럼요. 여행의 묘미는 도착이 아니라 '과정'에 있습니다. 길 위에서 느낀 감정, 마주한 사람들, 그 모든 것들이 여행다운 여행입니다. 여행 중에는 빠르게 이동하는 날도 있고, 하루 종일 한곳에 머무는 날도 있습니다. 길을 잘못 들어섰지만 우연히 아름다운 풍광을 만날 수도 있고, 뜻하지 않은 맛집도 발견하게 되기도 합니다. 수많은 선택과 우회를 거치며, 우리는 조금씩 다른 사람이 되어 갑니다. 그렇게 빨리 가는 날이 낭비는 아니고, 멈춰 있는 날도 여행입니다. 여행을 오래 해본 사람일수록 짐이 가볍습니다. 정말 필요한 것이 무엇인지 알기 때문입니다. 처음에는 욕심으로 가방을 채우지만, 시간이 갈수록 내려놓는 법을 알게 됩니다. 결국 여행의 '본질'을 깨닫습니다. 여행 중에 짐이 많으면 그것만큼 힘든 것이 없습니다. 멀고 긴 여행을 가려면 힘이 비축해야 합니다.

　힘이 남아 있어야 어떤 시련에도 다시 회복할 수 있습니다. 회복탄력성은 시련에 지지 않는 능력이 아니라 다시 일어나는 힘입니다. 그리고 그 힘은 자존감에서 비롯됩니다.

내가 나를 인정하고, 있는 그대로 받아들이고, 나만의 속도를 존중할 수 있을 때 우리는 어떤 실패 앞에서도 다시 시작할 수 있는 용기를 갖게 됩니다. 자기 자신을 긍정적으로 바라보는 힘. 바로 그것이 삶의 원동력이지요.

두려움 없이 그리고 두려울 것도 없다.
Sine metu et metuenda.*

지금 이 순간이 여러분이 다시 목표를 향한 첫 걸음이 될지도 모릅니다. 천천히, 그러나 용기 있게. 다시 시작하길 바랍니다.

앞으로는 우리 이렇게 생각해보면 어떨까 합니다. 실패를 실패라고 생각하지 말고 시행과 착오, 시행착오라고 생각하면 어떨까요! 일단 해보고, 아님 말고!

* 존 제임슨John Jameson 위스키 브랜드 모토이자 위스키 라벨에 써있는 Sine metu(두려움없이)에 연결해 만든 어구.

다시 일어서는 3가지 자세

마음자세 1

실패는 끝이 아니라 과정
결과보다 배운 점에 집중하기

마음자세 2

멈춤은 준비의 시간
'지금은 숨 고르기 중'이라 믿고 쉬어가기

마음자세 3

나를 믿는 힘이 회복의 시작
실패 속에서도 자존감을 잃지 않기

☐ 오늘 있었던 일을 돌아보며, 내가 잘한 점 한 가지 찾아보기

☐ 나를 응원해줄 수 있는 사람에게 말 한마디 건네기 (예: "오늘 어땠어요?")

☐ 작지만 확실하게 할 수 있는 것 정해보기 (예: "내일은 이 부분 다시 도전해봐야지")

5

그 작은 용기가 너를 움직인다

용기 있는 자에게 행운은 미소 짓는다.
Audentes fortuna iuvat.

일단 해보고, 아님 말고 식은 시작도 때로는 두렵습니다. 그보다 시작조차 하지 못한 채 마음 속에서만 수없이 맴돌다 멈춰버릴 때가 많습니다. 눈앞의 도전이 너무 커 보이고, 이미 누군가는 저 멀리 앞서 달리고 있을 때, 나는 아직도 출발선 근처에서 망설이고 있는 것 같다는 생각이 들 때도 많았을 것입니다. 그런 그 자리에 있는 나를 움직이게 하는 하나는 '용기'입니다. 용기라는 단어는 거창한 것이 아니지만 막상 그 용기를 꺼내 드는 일은 생각보다 쉽지 않습니다. 가슴은 쿵쾅거리는데 한 마디를 꺼내기 위해 손끝이 얼어붙기도 합니다.

'괜히 나서서 창피만 당하는 거 아냐, 내가 해봤자 뭐가 달라질까?'

스스로의 의심과 두려움이 먼저 찾아오기도 하는 경우가 정말 많지만, 그럼에도 결국 중요한 건 지금 내 자리에서 조심스럽게 일어서는 '용기'입니다.

고대 로마의 수사학자이자 정치가였던 오비디우스Ovidius 『변신 이야기』는 끊임없는 변화Mutatio continua의 대한 서사입니다. 15권 중 1권 이야기는 아폴론Apollo과 다프네Daphne의 사랑이야기입니다. 아폴론은 한눈에 반하지만, 다프네는 사랑을 거부하고 숲 속에서의 자유로움을 원했으며, 강요를 원치 않았습니다. 그러나 아폴론은 끊임없이 다프네를 따라다니고 그녀는 계속해서 도망칩니다. 아폴론이 거의 그녀를 붙잡으려는 순간, 다프네는 자신의 몸을 나무로 변하게 해달라며 아버지, 강의 신 페넬리오스Peneleos에게 간절히 기도하고 그것이 받아들여집니다. 다프네는 자신을 지키기 위해 '변신'을 선택했고, 결국 월계수Laurus arbor 나무로 변해버립니다.

이 이야기는 피하고 싶은 상황에서 도망치지만, 더 이상 변화할 기회를 잃은 나약함을 말하고 있습니다. 그 변화는 어떤 결정적인 '순간'에 일어납니다. 그 순간을 지나면 다시 돌아갈 수 없습니다.

<아폴로와 다프네>, 프란체스코 알바니, 1615~1620년경, 루브르 박물관

이 문장은 단지 시간을 아끼라는 의미를 넘어서, 오늘 내딛는 한 걸음이 나를 바꾸는 유일한 길이라는 진실을 말해줍니다. 한 발짝 내디딜 용기를 낼 때, 비로소 그동안 보이지 않던 길이 열리고, 막막했던 세상이 조금씩 나에게 반응하기 시작합니다. 꼭 1등을 해야 하는 것도 아니고, 누군가의 인정 받기 위해 하는 것도 아닙니다. 스스로 떳떳하게 충분히 잘했다고 말해줄 수 있다면 그것으로 이미 충분히 귀하고 아름답습니다.

학생 선발에 있어서도 많은 이들은 '완벽한 준비'를 떠올리는데 진짜 중요한 건, 진심으로 자신이 가치를 두고 노력의 경험을 가진 인재입니다. 가령 <냉장고를 부탁해> 프로그램처럼 예측 불가능한 재료로 요리하는 능력이나 예상 질문을 알 수 없는 압박 면접이나 인생의 순간도 똑같습니다. 그러나 정답이라 생각하고 외워서 하는 말보다는 어설프지만 용기를 갖고 꿋꿋하게 자신을 드러내며 경험한 자신을 표현하는 사람을 더 기억하게 됩니다. 진정한 용기는 완벽함에서 시작되지

---

* 로마, 시인 오비디우스Ovidius의 작품 『변신 이야기Metamorphoses』에서 사용된 '현재의 행동이 미래에 미치는 영향'을 강조하는 의미로 응용된 로마시대 사용된 어구.

않습니다. 조금 서툴러도, 부족해 보여도, 내가 직접 겪은 이야기로 말하는 진정성 있는 용기에서 출발합니다.

"저는 동료, 친구들과 이런저런* 프로젝트를 했고, 그 과정에서 갈등과 문제도 있었지만 그것을 해결하기 위해 이런저런 노력을 했어요."

이 한 마디는 수십 줄의 기교가 느껴지는 문장보다 훨씬 강한 설득력을 가집니다. 혹시 누군가가 그런 경험도 없고, 말주변도 없다고 해도, 지금 당장이라도 작은 경험부터 실천하려 노력하면 됩니다. 책 한 권을 끝까지 읽고 친구의 고민을 듣고 함께 공감해 주고 학급 활동에 용기 내어 손들어 발표해 보는 것도 작은 실천이고 성장의 기록입니다. 어디든지 원하는 인재는 머릿속으로만 잘 짜인 계획을 말하는 사람이 아니라, 실제 삶에서 그 계획을 직접 적용해보고, 실패해도 다시 일어나는 사람입니다. 천천히, 조용히, 때로는 삐걱거릴지라도 스스로의 삶을 걸어가고 있는 사람, 그 사람이 결국 단단한 사람이 됩니다.

다른 누군가가 아닌 내가 닮고 싶은 사람의 모습에 조금 더 가까워지는 하루. 그 하루를 만들어가는 가장 확실한 방법은, 오늘 하루 작은 용기를 내어 매일 하루하루 발전하고 나아가면 충분합니다.

---

* 여기서 말한 '이런저런'이란, 학생들 각자 자신의 고유 영역을 구체적으로 밝히는 것을 대체한 표현입니다. 혹여, '가지각색, 다양한, 이러저러한'이란 어구를 통해 중언부언하듯 사용된 어구와 구별되어 합니다.

마음은 성장하고, 상처 속에서 진짜 용기는 다시 피어난다.
Crescunt animi virescit volnere virtus.*

이 글을 읽는 지금 앞에 놓여 있는 문제에 혹시 망설이고 있었다면 오늘 그것을 시작하기에 딱 좋은 날일지도 모릅니다. 토론에서 말 한 마디 더 해보기, 손들어 의견 말해보기, 자소서 한 줄을 스스로 써보는 것, 책을 읽고 내 생각과 어떤 차이가 있는지 기록하기 등 이러한 것들이 인생을 조금씩 움직이고 내가 변할 수 있는 용기입니다. 자기 생각을 고민하고 말하는 행위 자체에서 나 자신이 누구인지 알아가고 찾아가는 과정이기도 하지요.

세상이 요구하는 완벽한 사람이 아니라 무엇이든 시작하는 용기를 가진 바로 그대가 되길 바라며, 자신이 생각했던 스스로의 모습을 만들어 줄 것이라 기대해 봅니다.

* 프리드리히 니체의 저서 『도덕의 계보 Zur Genealogie der Moral』에 나오는 '고난과 역경이 인간의 정신과 미덕을 강화한다는 사상'과 맞닿는 의미로, 출처는 라틴어 격언으로 흔하게 사용하며 출처는 명확하지 않으나 자주 사용되는 어구.

한 걸음을 내딛는 3가지 마음자세

마음자세 1

용기의 시작

작고 부족해 보여도 먼저 시도해보기

마음자세 2

실패의 수용

결과보다 과정에 집중하며 계속 도전하기

마음자세 3

실천의 힘

수많은 계획보다 삶 속 실천으로 보여주기

☐ 오늘 하루, 용기 내어 한 가지 시도해 보기 (예: 손들고 발표하기, 동아리 행사 참여하기)

☐ 경험 중 하나를 한 줄로 정리해 보기 (예: '나는 친구의 발표 준비를 도와준 적 있어')

☐ 한 가지 루틴으로 정해서 실천해 보기 (예: 아침에 책 한 장 읽기, 조용히 자습해보기)

인간은
가르치는 동안 배운다
인간 관계
3

나를 세상에 존재하게 해주신 부모님은 최고의 지원군이지만 때로는 가장 높은 벽처럼 느껴지기도 합니다. 시간이 지나 군대를 간 아들은 힘든 행군을 할 때 부모님을 떠올리면서 감사해 하며, 훗날 자식을 낳아 키워보며 엄마, 아빠가 되어 보면 부모님의 마음과 노고를 이해하고 조용히 눈물을 흘리기도 하지요. 근데 막상 학창시절 부모님은 그런 존재로 보이기 쉽지 않습니다. 부모님 입장에서 혼을 내거나 훈계를 해도 잘 들으려 하지 않는 자녀를 볼 때면 차라리 군대를 먼저 갔다 오거나 철이 든 후에 고등학교에 갔으면 하는 생각이 들기도 합니다. 물론 현실은… 부모이자 한 세대를 먼저 살아본 존재로서 스스로 이런 생각을 자주 하게 됩니다.

'그 당시에 누군가 내게 이런 말을 해줬더라면 더 좋았을 텐데.'

설령 그런 말을 해줘도 귓등으로도 안 듣는 것이 다반사이지요.

이처럼 부모는 자신이 보고 배운 가치관을 자녀에게 전하려 하고, 자녀는 경험하지도 못한 세상 이야기를 받아들이기 어려워합니다. 세상이 변했고, 부모님의 시선에서 답답해 보이지요.

이러한 개입의 문제는 부모로서 자녀에 대한 부모의 '원초적 본능'입니다. 아무리 부모가 저명한 석학일지라도, 유명인 일지라도, 부모 말을 잘 듣고 받아들이고 싶어하지 않습니다. 그 순간, 부모는 '내 자식만큼은 내 마음대로 되지 않는다'는 깊은 깨달음을 얻게 됩니다. 왜 부모와 자녀의 간극은 왜 좁혀지지 않을까요!

말할 수 없는 것에 대해서는 침묵해야 한다.
De quo loqui non possumus, tacere debemus.*

여러분의 대화를 들어보거나 SNS메시지를 우연히 보면, 같은 말인데도 이해하기 어려운 순간이 있습니다. 사용하는 언어는 다른 세계의 것이고, 생각하는 가치 기준도 다르다는 걸 깨닫는 순간이기도 합니다. 그렇다면 반대로 생각해 볼까요?

부모님이 여러분의 대화를 이해하지 못하는 것처럼 여러분 역시 부모님이 말하는 '세상의 이치'를 쉽게 받아들이기 어려울 가능성이 높

---

* 오스트리아 철학자, 루트비히 비트겐슈타인의 『철학적 탐구Philosophical Investigations』 및 『논리-철학 논고Tractatus Logico-Philosophicus』에서 언급한 '언어의 한계와 철학적 문제 해결방식'으로 '말할 수 없는 것에 대해서는 침묵해야 한다. Wovon man nicht sprechen kann, darüber muss man schweigen.'의 라틴어 번역임.

습니다. 어쩌면 어른들이 아이들을 보며 '왜 저렇게 말하지?'라고 의
아해하는 것보다 더 깊은 거리감을 느끼고 있을지도 모릅니다. 혹시
나는 부모님과 소통이 잘 된다고 느끼는 친구가 있다면, 그 부모님은
부단히 여러분의 문화를 이해하고 노력하고 계신 겁니다. 몇몇 드라마
틱한 관계가 있지만 현실적으로 그런 부모님은 많지 않지요. 부모님을
뵈면 자주 하시는 말씀 하나가 있습니다.

"가만히 있으면 중간이라도 갑니다!"

이 속담의 유래는 정확하진 않지만 철학자 비트겐슈타인의 철학적
명제도 맞닿아 있습니다. 말 자체보다 중요한 것은 '말의 의도와 상황'
입니다. 중세 시대의 법률 격언에도 이렇게 나와 있습니다.

요청되지 않은 변명은 스스로의 죄를 자백하는 것이다.
Excusatio non petita, accusatio manifesta.[*]

잔소리라는 이름으로 길어지면서 교육이라는 이름으로 포장된 '훈
계'는 자녀에게 어른의 '언어의 세계'를 단절시키는 요인이 되기도 합니
다. 아무리 좋은 말이라도, 아무리 피가 되고 살이 되는 조언이라도, 받
아들일 준비가 되지 않은 여러분에게는 부담으로 작용할 수 있습니다.

그런데도 어른들은 왜 그렇게 계속 잔소리를 할까요? 그것은 우선
걱정과 더 나아가 애정이 조급함으로 변한 결과일 겁니다. 이것은 마

---

[*] 출처 불명. 중세 이후 법률 맥락에서 사용

치 동물의 세계에서 맹수로부터 어린 가젤 영양*을 보호하려는 어미 가젤(영양)의 동물적 본능과도 비슷합니다. 부모님의 본능이 여러분 머릿속에서 그려지지 않으니 이해하기 힘들겠지요. 아무리 좋은 말을 해도 그 그림이 머릿속에서 상상조차 되지 않으면, 그 말은 의미를 잃고 말은 왜곡되어 전달될 수 있습니다.

말하면 말할수록, 그 말은 진리에서 멀어진다.
Quo magis loquor, eo magis verba mea a veritate recedunt.**

철학자 비트겐슈타인이 말한 '침묵'은 무조건 말을 하지 않는다는 것이 아닙니다. 소통할 준비가 되었을 때 비로소 대화는 의미를 가집니다. 준비되지 않은 상태에서의 대화 시도는 오히려 오해와 불신을 키울 뿐입니다. 차라리 침묵이 말하는 것보다 낫기도 합니다. ***

그리스 신화에도 침묵에 관한 이야기가 있습니다. 트로이의 왕 프리아모스Priamos는 전쟁으로 아들 헥토르Hector를 잃은 후, 적장인 아킬레우스Achilleus를 직접 찾아가 아들의 시신을 돌려달라고 애원합니다. 전장의 잔혹한 상황에서도 아버지의 무릎을 꿇고 슬픔을 담은 침

---

* 아프리카 사막과 초원에서 서식하는 작지만 긴 다리와 예리한 시각으로 포식자를 빠르게 감지하고 도망치는 민첩성과 경계심이 특징이다. 새끼를 외진 곳에 숨기거나 무리 속에 섞어 보호하는 강한 모성 본능과 집단 방어 행동을 보인다.

** 루트비히 비트겐슈타인Ludwig Wittgenstein의 '침묵'의 개념을 설명한 라틴어 번역 어구

*** 영국의 극작가 하니프 쿠레이시Hanif Kureishi는 '침묵은 어둠처럼 친절할 수 있다. 그것은 또 하나의 언어다.'라고 말했다

〈신중한 자〉, 조제프 뒤크뢰, 1790~1791년경, 스웨덴 국립 미술관

묵은 오히려 아킬레우스의 마음을 움직입니다. 프리아모스는 많은 말을 하지 않았지만 진심은 침묵으로 전달되었고, 결국 아킬레우스는 헥토르의 시신을 돌려줍니다. 준비된 마음, 절제된 태도 그리고 감정이 담긴 행동이 가능케 한 것입니다.

성경 속에서는 '돌아온 탕아' 이야기가 있습니다. 어느 부자에게 두 아들이 있었는데 그 중 둘째 아들은 아버지에게 미리 유산을 받아 집을 떠나 방탕하게 살다가 받은 모든 재산을 탕진하고 거지가 되고, 굶주림 끝에 고향에 돌아오게 됩니다. 아버지는 집을 나간 둘째 아들이 모든 재산을 탕진하고 돌아왔을 때, 아무 말도 하지 않고 달려 나가 그를 안아줍니다. 잘못을 추궁하지 않고, 먼저 수용과 회복을 택한 아버지의 모습에서 진정한 소통은 준비된 사랑과 기다림에서 비롯된다는 사실을 보여줍니다.

그렇다면 부모와 자녀 사이에서 우리는 무엇을 해야 할까요?

아무리 조급해도 서로 서두르지 않아야 합니다. 그리고 서로 기다려줘야 합니다. 부모님에게 자신의 꿈을 말하는 것이 부끄럽거나 생각을 숨기지 않으며, 부모님의 기대치에 자율성을 억누르지 않는 환경이 중요하겠지요. 어른들의 욕심과 희망을 후대에게 투영하지 않는 것, 그것이 어른으로서 절제이며 사랑일 수 있습니다.

반면, 여러분은 지금껏 살아온 모든 인생을 가장 가까이에서 지켜본 사람에 대한 존경과 감사함 그리고 수용적인 자세가 필요합니다.

<돌아온 탕아>, 렘브란트 판 레인, 1668~1669년경, 러시아 예르미타시 미술관

그렇다고 무비판적인 수용을 하라는 것은 아닙니다. 수용하려는 '자세'를 갖자는 것입니다. 부모님은 완벽한 조력자가 아닙니다. 중요한 것은 감정을 억누르지 않고 솔직하게, 다만 서두르지 않고 배려하고 나누는 것입니다. 부모님도 세상을 알아가고 있고, 서로의 속도가 다르고 관점이 다를 뿐, 우리는 함께 인생을 살아갑니다.

결국 모든 인간관계는 가족이든 친구든 선생님이든, 결국 서로를 위한 준비된 자세와 소통 위에서 자라는 것임을 잊지 마세요.

1

가깝지만 아주 먼 부모님

말은 사라지지만, 글은 남는다.
Verba volant, scripta manent.

3장의 시작을 부모님에 대한 이야기로 꽉 채웠습니다. 지금 여러분이 가장 큰 충돌과 어려움은 대부분 부모님과 관계에 있지 않나 싶습니다. 부모님과의 관계는 참 묘합니다. 너무 고맙고, 생각만 해도 눈물 날 만큼 애틋할 때가 있는가 하면, 막상 함께 이야기를 하려고 하면 답답하고 벽처럼 느껴지기도 하죠. 때로는 나를 이해하지 못하는 것 같고, 내 선택에 제동을 거는 말들이 상처로 남기도 합니다. 그래서 때로는 반항심이 생기고, 점점 말하기 싫어지고, 짜증이 나게 되죠.

혹시, 부모님도 같은 마음일 수 있다는 걸 생각해 본 적 있나요?

사실 부모님도 여러분이 어떤 생각을 하는지, 무엇에 힘들어하는지, 어떤 꿈을 꾸고 있는지 정말 알고 싶습니다. 다만, 표현 방식이 익숙하지 않고 자식과 소통의 방법을 제대로 배우지 못한 세대이지요. 그런 세대 차이로 인해 다른 가치관들이 충돌되고, 가끔은 과한 애정과 안타까움이 폭발해 분노로 표출되는 것으로 비춰져 대화가 안되는 경우가 많죠. 그렇게 하다 보면 말보다 깊은 침묵이 흐르고, 그 침묵 속에서 서로의 마음은 점점 멀어지게 됩니다. 이럴 땐, 먼저 조심스럽게 여러분이 직접 마음을 표현해보는 건 어떨까요? 꼭 거창한 말이 아니어도 됩니다.

"요즘 조금 힘들었어. 그냥 내 얘기를 들어줬으면 좋겠어."

"엄마 아빠가 어떤 생각을 하는지도 궁금해."

이렇게 건네는 솔직하고 어릴 때 쉽게 했던 말들이, 오히려 가장 진심을 전할 수 있는 언어가 될 수 있습니다. 서로의 다름을 인정하고, 마음을 여는 데는 완벽한 말솜씨보다 '진심'이 더 중요하니까요. 말로 전하는 것이 어렵게 느껴질 땐 편지나 그것도 어렵다면 쪽지 글로 마음을 건네는 것은 어떨까요? 직접 얼굴을 마주하고 꺼내기 힘든 말들도, 종이 위에 하나씩 조심스럽게 적다 보면 오히려 마음속 깊은 진심이 더 잘 드러나기도 합니다. 물론 자신의 마음도 돌아볼 수 있게 합니다. 그 마음은 공기 중에 사라지지 않고 종이 위에 글로 남게 됩니다. 그동안 하지 못했던 이야기를 처음으로 꺼낼 수 있을지도 모르겠네요.

이런 진심에 관한 그리스 로마 신화의 에로스eros와 프시케Psyche의 이야기를 알고 있나요?

프시케는 인간이지만 너무도 아름나워 사람들의 찬사를 받던 손재였어요. 신들조차 위협을 느낄 만큼 빛났던 그녀는 사랑의 신 에로스에게 마음을 사로 잡히게 됩니다. 에로스도 프시케를 사랑하게 되지만 그는 한 가지 조건을 내걸죠.

"내 얼굴은 절대 보지 말아야 해."

프시케는 그의 조건을 받아들였고, 어둠 속에서 두 사람은 서로를 향한 사랑을 키워갑니다. 무엇보다 에로스의 말과 진심이 프시케의 마음 속을 채워주었습니다. 하지만, 말과 진심 그대로를 믿지 못하고 더 욕심을 내면서 그의 진심을 의심하였고, 주변의 추측과 부정적인 말들로 더욱 불안을 느꼈습니다. 결국 흉악하고 거짓을 행하고 있는 에로스의 실체를 알아내겠다고 결심으로 하고 어느 밤에 한 손에는 등불, 다른 손에 칼을 들고 몰래 에로스의 얼굴을 들여다보고 맙니다. 그런데 사람들이 말한 흉악한 모습이 아닌 너무 잘생긴 에로스의 얼굴을 보다가 그만 등불을 놓칩니다. 그 소리가 에로스는 잠에서 깨고 진심을 의심한 프시케에게 실망한 에로스는 그 자리에서 바로 떠나가 버리죠.

그 뒤로 프시케는 자신의 조급함과 의심을 깊이 후회하며, 진심을 전하고자 혹독한 여정을 떠납니다. 무거운 밀알을 밤새 가려내고 위험한 강물을 건너 황금 양털을 모으며, 심지어는 저승까지 다녀오는 험난한 길을 선택하게 됩니다. 가장 편하고 공기처럼 중요하지만 그렇게

<프쉬케와 큐피드>, 프랑수아에두아르 피코, 1817년, 루브르 박물관

느끼지 못했던 그 진심과 조건 없는 사랑을 가볍게 여겼던 희생은 너무도 혹독했습니다. 그녀는 세상에서 가장 중요한 것을 나시 얻기 위해서 너무 큰 대가를 지불해야 했습니다. 그 힘든 여정에서 그녀는 사랑이란 단순한 감정이 아니라, 기다리고 믿고 견디는 의지를 배워갑니다. 마침내 에로스는 그녀의 진심을 다시 받아들이고, 프시케는 신들로부터 영원한 존재로 불멸의 여신이 되며, 사랑과 신뢰의 회복은 어렵게 다시 이루어집니다.

이 신화는 남녀의 사랑이야기이지만 우리에게 많은 의미를 건넵니다. 서로 사랑하지만, 조심스럽고 불완전한 마음 때문에 세상에서 유일한 관계가 멀어지고, 오해가 생기기도 하죠. 특히 부모, 자식과의 관계는 더욱 그렇다고 저 역시 느낍니다.

예전에 제 딸이 용돈으로 발렌타인데이 초콜릿을 만든다고 해서 내심 기대를 했었습니다. 근데 정작 친구들 것만 챙기는 모습에 겉으로 애써 웃어 넘겼지만 속은 사실 꽤나 서운했습니다. 서로 말 안 해도 다 알 것만 같은 사이라도 표현하지도 않으면 오히려 더 큰 것을 잃을 수 있다는 생각이 들었습니다.

부모님께 말을 꺼내기엔 낯설고, 표현하기엔 두려운 순간들이 많지만 그 마음을 내려놓지 않고 진심을 담아 건네는 글로 시작하는 것은 마치 프시케가 어려운 선택 같다는 생각이 듭니다. 쉽게 보이지만 어려운 멀어진 거리를 다시 잇는 아주 좋은 방법일 것이라 생각됩니다.

앞서 말한 것처럼 부모님 또한 그 편지나 메모를 통해, 여러분이 얼마나 고민하고 성장하고 있는지를 다시 한번 진심으로 느끼게 될 것입니다. 말이 아닌 글로 나를 표현하는 것. 사실 이것은 생각보다 훨씬 큰 용기를 필요로 합니다. 더욱 내가 손으로 쓰다, 지우고 다시 고민하면서 썼던 그 흔적 속에서 진심이 묻어 나올 겁니다. 글에는 말보다 느린 감정의 속도, 더 오래 남는 울림이 담겨있습니다. 그 한 장의 편지가 부모님의 마음속 깊은 곳에 오래도록 여운으로 남아 여러분을 더 잘 이해하게 될지도 모릅니다.

우리의 마음은 진심 어린 말로 움직인다.
Corda nostra verbis apertis vincuntur.*

이 라틴어 격언처럼 결국 마음은 마음으로 열리는 것입니다. 때로는 마음에 담아둔 소박한 한 마디, 또는 한 장의 편지가 그 시작이 될 수 있어요. 부모님이 언제나 단단해 보여도, 속으로는 끊임없이 불안하고 흔들리는 감정을 느끼며 여러분을 지켜보시고 있습니다. 여러분이 어릴 적, 처음 두 발로 서서 걸음을 떼기 시작했을 때 넘어지지 않도록 두 손으로 잡아주려고 조마조마하게 바라보던 그 마음. 그때와 다르지 않게 지금도 부모님들은 여러분의 뒤에서 묵묵히 지켜보고 있

---

* 출처 불명. 솔직하고 진실된 표현이 사람들의 마음을 움직인다는 것을 강조하는 현대적 맥락으로 사용되는 어구.

습니다. 그러니 꼭 입을 통해 생각을 전하지 않아도 괜찮아요. 가끔은 마음이 복잡하고, 말로는 다 담기 어려운 때도 있잖아요? 그럴 땐 조용히, 손 편지 한 장 써보세요. 꼭 긴 글이 아니어도 좋습니다.

소통은 거창한 대화보다 조용한 이해에서 시작될 수 있습니다. 기다려주는 용기, 들어주는 여유, 마음을 전하려는 진심. 이 세 가지가 함께한다면, 우리는 언제든 다시 대화를 이어갈 수 있습니다. 마음을 나누는 데 필요한 건 완벽한 말솜씨가 아니라, 진심 어린 용기 한 줌입니다. 지금, 말 대신 한 줄의 글로 시작해보는 건 어떨까요?

부모는 생명을 주고,
신은 그 생명에 영혼을 불어넣었다.
그러므로 부모 공경은
인간이 신에게 보이는 경외와 같다.

부모는 바꿀 수 없지만,
우리의 태도는 바꿀 수 있다.

부모님과 마음을 잇는 3가지 자세

마음자세 1

다름을 이해하는 여유

부모님의 방식도 존중하며 받아들이기

마음자세 2

먼저 다가가는 용기

말 한마디, 쪽지 한 장으로 마음을 열어보기

마음자세 3

기다림이 필요한 대화

금방 통하지 않아도 기다리며 마음 열기

☐ 부모님께 오늘 무슨 일 있으셨는지 가볍게 여쭤보기

☐ "요즘 나 이런 생각 해" 같은 진심 담은 쪽지 써보기

☐ 편안한 시간에 짧게 '카톡이나 문자로' 안부를 전해보기

2

친구란 무엇일까?

진정한 친구는 어려운 상황에서 드러난다.
Amicus certus in re incerta cernitur.

새 학기가 시작할 때, 한 번쯤 이런 생각을 했으리라 생각합니다.

'아는 친구가 하나도 없으면 어떡하지, 혼자 있는 건 괜히 이상해 보이지 않을까?'

친구를 사귀고 싶은 마음은 크지만 먼저 다가가는 건 왠지 어색하고 두렵게 느껴집니다. 겨우 용기 내어 마음을 나누기 시작한 친구와 다툼이라도 생기면 그 순간 세상에 혼자 남겨진 것 같은 기분이 들기도 하죠.

요즘 학생들 사이에서 종종 등장하는 '인싸(인사이더)'와 '아싸(아웃

사이더)'라는 말처럼, 친구가 많고 잘 어울리는 사람이 더 괜찮은 사람처럼 여겨지는 분위기도 있습니다. 친구가 많으면 좋아 보이고 혼자 있는 사람은 외로워 보인다는 무언의 기준 말이죠. 그런데 정말 그럴까요? 친구는 숫자가 많을수록 좋은 걸까요?

고대 그리스 철학자 피타고라스의 학파에 '다몬Damon과 피시아스Pythias'라는 두 친구에 대한 이야기가 있습니다. 피시아스가 왕을 비판했다는 이유로 사형 선고를 받자, 그는 마지막으로 고향에 가서 가족과 작별 인사를 하고 싶다고 했습니다. 왕은 의심했지만 그의 친구인 다몬은 이렇게 말합니다.

"대신 내가 남겠습니다. 피시아스가 돌아오지 않으면 나를 처형하십시오!"

주위에 많은 사람들은 피시아스가 돌아오지 않을 거라며 다몬을 조롱했지만, 그는 끝까지 친구를 믿었습니다.

마침내 약속한 날 피시아스는 허겁지겁 달려와,

"네가 나 대신 큰 일을 당할까 두렵고 무서워 서둘러 돌아왔다!"

왕은 두 사람의 신의와 우정에 크게 감동하여 사형을 취소하며 말했습니다.

"나는 참된 우정을 처음 보았다. 나도 그대들의 세 번째 친구가 되고 싶다."

아리스토텔레스는 우정에 대해 이렇게 말했습니다.

"진정한 우정은 하나의 영혼이 두 개의 몸에 사는 것과 같다."*

이처럼, 친구의 너비보다 더 중요한 것은 깊이입니다. 진짜 친구는 수십 명 중 한 명일 수도 있고, 겉으론 조용해 보이지만 어느 순간 그 친구가 가장 든든한 편이 되어줄 사람일 수 있습니다. 진정한 친구란 어떤 존재일까요?

성경 속에서도 친구는 단순한 교우관계를 넘는 특별한 존재로 묘사됩니다. 다윗과 요나단의 이야기는 우정의 정수를 보여줍니다.

요나단은 다윗을 자기 생명처럼 사랑하였더라.**

예수님도 제자들을 향해 말씀하셨습니다.

"사람이 친구를 위하여 자기 목숨을 버리면 이보다 더 큰 사랑이 없나니."***

---

* 아리스토텔레스Aristoteles의 『니코마코스 윤리학Nicomachean Ethics』 제9권에서 '우정Philia의 본질'을 설명하는 문맥 속에 등장하는 어구. '하나의 영혼이 두 개의 몸 안에 깃들어 있다. 그리스어 μία ψυχὴ δύο σώμασιν ἐνοικοῦσα'은 라틴어로 번역하면, 'Una anima in duobus corporibus inhabitat.'

** 불가타 성경. 사무엘상 18장 1절. 사울과 말하기를 마쳤을 때, 요나단의 영혼은 다윗의 영혼과 결합되었고, 요나단은 다윗을 자기 생명처럼 사랑하였다. Et factum est cum conplesset loqui ad Saul, anima Ionathan conligata est animae David, et dilexit eum Ionathan quasi animam suam.

*** 불가타 성경. 요한복음 15장 13절. 사람이 자기 친구를 위하여 자기 목숨을 내어놓는 것보다 더 큰 사랑은 없다. Maiorem hac dilectionem nemo habet, ut animam suam ponat quis pro amicis suis.

그리고 다음과 같은 말씀도 있습니다.

"친구의 아픈 책망이 충직함에서 나왔으나, 원수의 잦은 입맞춤은 거짓에서 난 것이니라."*

진짜 친구는 늘 상냥하기만 한 사람이 아닙니다. 때로는 나를 위해 아픈 말을 해주고, 내가 흔들릴 때 조용히 곁을 지켜주는 사람입니다.

대한민국의 청소년의 우정, 갈등과 고민의 사이에 겪는 문제는 단순하지 않습니다. 내신, 수능, 비교과, 입시… 모든 것이 경쟁인 이 시스템 속에서 친구는 때때로 경쟁자가 되기도 합니다. 같은 반 친구가 상을 받거나 성적이 많이 오른 친구를 축하해주면서도, 괜히 작아지는 기분. SNS 속 하이라이트에서 느껴지는 비교와 소외감. 단톡방에서 외면 당한 듯한 느낌, 내가 보낸 메시지에 대해 오랜시간 읽씹에 대한 스트레스…

"늘 웃으며 대화하지만, 속마음을 털어놓을 친구는 없어요."

이런 말이 요즘 아이들의 용어로 겉친(겉으로만 친구)만 있다는 지금 우리 사회의 현실을 보여주는지도 모릅니다. 결국 우리의 진짜 친구는 어려운 상황에서 더욱 빛을 발합니다.

---

* 불가타 성경. 잠언 27장 6절. 사랑하는 이의 상처가 더 낫고, 미워하는 자의 거짓된 입맞춤보다 낫다. Meliora sunt vulnera diligentis quam fraudulenta oscula odientis.

<다윗과 요나단의 이별>, 렘브란트 하르먼손 판레인, 1642년, 에르미타주 미술관

불확실한 상황에서 비로소 진정한 친구가 드러난다.

Amicus certus in re incerta cernitur.[*]

진짜 친구는 내가 무너질 때 손 내밀어 주는 사람이고, 내가 잘 나갈 때 질투 없이 함께 기뻐해주는 사람입니다. 그 반대의 역할도 내가 해줄 수 있어야 그 관계는 진정한 우정으로 발전됩니다. 여러분, 친구가 많지 않아도 괜찮습니다. 속마음을 나눌 수 있는 친구 한 명, 내가 진짜 나로 보이게 해주는 그런 친구 한 사람만 있어도 충분합니다. 그리고 그런 친구를 기다리기보다는, 내가 먼저 그런 친구가 되려고 노력해 보세요. 조금 서툴러도 괜찮습니다. 우정도 사랑처럼, 완성형이 아니라 진행형이니까요!

진정한 친구는 드문 새와 같다.

Verus amicus rara avis est.[**]

친구라는 존재는 드물고 귀하고 그만큼 소중하고 평생을 함께할 수도 있는 그런 존재. 그런 친구가 지금 곁에 있다면 감사하고 없다고 슬퍼할 필요가 없어요. 조금 기다리고 그 사이, 주변의 친구들에게 내가 먼저 그런 친구가 되어보세요. 외톨이처럼 보이는 것을 두려워하지 말고 한번 말해도 좋아요.

[*] 고대 로마 격언. 출처 불명.

[**] 로마 작가. 퀸틸리아누스Quintilianus의 작품 내용에서 유래해 구전된 격언.

"같이 밥 먹으러 식당 갈래?"

그 한마디면 이미 충분히 멋진 친구를 만들 준비는 됐습니다.

친구 옆에서 함께 슬퍼해 주는 일은 너무도 쉽습니다.
그러나 친구에게 기쁘고 좋은 일이 생겼을 때,
당신은 질투심 없이 진심으로 축하할 수 있나요?

철학자 쇼펜하우어는
질투는 비교하는 본능의 산물이라 말합니다.
인생의 관계에서도 균형을 맞추고
약간의 거리는 두는 일에서 자유를 얻습니다.

우정을 깊게 만들어가는 **3가지 자세**

(마음자세 **1**)

양보다 질을 보는 시선

친구의 숫자가 아니라, 마음을 나눌 수 있는 관계를 소중히 여기기

(마음자세 **2**)

내가 먼저 다가가는 포용력

기다리기보다 먼저 따뜻하게 인사하고 다가가 보기

(마음자세 **3**)

진심이 담긴 곁에 있기

잘 나갈 때보다, 힘들 때 더 곁에 있어주는 친구가 되기

☐ 쉬는 시간, 혼자 있는 친구에게 다가가 말 걸어보기

☐ 단톡방에서 사소한 말이라도 먼저 따뜻하게 남겨보기

☐ 내 친구에게 "고마워" 또는 "괜찮아?" 한마디 전해보기

3

왜, 나만...

남과 비교하지 말라.
Ne comparaveris te aliis.

우리의 불안감은 다들 뭔가 멋진 걸 하고 있는 것 같아서 괜히 나만 늘는 것 같고, 조급해지기도 합니다. 특히 선행학습을 많이 하지 않았다면 옆 친구들이 늘 앞서가는 것처럼 보입니다. 그러나 여러분이 보는 그 모습들은 대부분 편집되고, 선택된 장면만 있어서 진짜는 잘 보이지 않아요. 누군가는 저기를 저렇게 가고, 누군가는 여기를 뒤돌아 천천히 갑니다. 중요한 건 비교가 아닙니다.

누구에게도 뒤지지 않는 길은, 자신의 길이다.

Nulli secundus via sua est.*

우리는 지금도 주변과 비교하며 뒤처지면 안 된다는 압박 속에서 살고 있습니다. 특히 선행학습에 대한 차이는 더욱 그렇죠. 그런데 공부는 '더 빠르게'보다 '더 깊게' 접근할 때 진짜 힘이 생깁니다. 선행보다는 더 깊은 사고력이 함께하는 공부가 필요합니다.

예를 들어, 수학에서 더 많은 연산을 하며 몰입하는 아이가 고학년의 개념을 스스로 찾아보는 건 선행보다 탐구이며, 영어를 더 잘 말하고 싶어서 어려운 문법을 배우는 것은 스스로 계획한 자기주도 학습입니다. 중요한 것은 '강요된 속도' 인지, 아니면 '내가 원해서 선택한 길'인가 생각해봐야 합니다.

그리스 신화 속에서도 속도에 대한 아주 흥미로운 이야기 하나가 있습니다. 바로 아탈란테Atlanta와 히포메네스Hippomenes의 이야기입니다. 아탈란테는 아르테미스Artemis**를 섬기며 자란 뛰어난 사냥꾼이자 그리스에서 가장 발이 빠른 여성으로 알려져 있었습니다. 그녀는 결혼을 원치 않았고, 만약 결혼을 해야 한다면 자신보다 빨리 달릴 수 있는 사람과 하겠다고 선언했습니다. 단, 경주에서 그녀에게 패한 자

---

* 각 개인의 고유한 길과 독특함을 강조하는 현대적 맥락으로 사용되는 어구.

** 그리스 신화에 나오는 올림포스 12신 중 한 명으로 사냥, 숲 등과 여신이며 여성의 출산을 돕고 어린아이를 돌보는 여신이기도 하다.

는 목숨을 잃는 혹독한 조건이 붙어 있었죠. 그 말을 듣고도 많은 남자들이 그녀의 아름다움에 반해 도전했지만, 모두 패배했고 비극적인 결말을 맞았습니다. 아탈란테는 그만큼 빠르고 냉철한 인물이었습니다.

그러던 어느 날, 젊은 귀족 히포메네스Hippomenes가 등장합니다. 그는 아탈란테의 미모와 용기에 감탄하며 그녀의 마음을 얻고자 결심했지만, 자신의 속도로는 그녀를 절대 이길 수 없다는 걸 알고 있었습니다. 그래서 그는 사랑의 여신 아프로디테Aphrodite에게 도움을 청했습니다. 아프로디테는 그에게 황금빛 사과 세 개를 건네며 말합니다.

"너의 지혜와 인내로 그녀의 속도를 잠시 멈추게 하여라."

경주 당일, 아탈란테는 여느 때처럼 앞서 달리기 시작했습니다. 하지만 히포메네스는 달리면서 사전에 준비한 황금 사과를 하나씩 그녀 앞에 던졌습니다. 그 황금사과의 아름다움과 광채에 아탈란테는 잠시 멈춰 사과를 집게 되었고, 결국 히포메네스가 먼저 결승선을 통과하게 된 것이죠.

이 이야기는 단순히 사랑의 쟁취을 위한 승리만 말하는 게 아닙니다. 더 빠르게 달리는 것만이 능사가 아니라 지혜와 타이밍, 목적을 향한 집중력이 얼마나 중요한지도 보여줍니다. 이로써 아탈란테 역시, 자신만의 리듬과 경계를 기준으로 승부욕으로만 가득차 있던 자기 생각을 바꾸고, 새로운 관계와 감정에 마음을 열게 됩니다. 히포메네스의 승리는 '빠름'이 아닌 자신만의 방식과 생각으로 만든 전략의 결실이었고, 아탈란테의 멈춤은 '실패'가 아니라 자신의 단단한 껍질을 깨

<아탈란타와 히포메네스>, 니콜라스 콜롬벨, 1680년, 리히텐슈타인 박물관

고 세상과 연결되는 시작이었습니다.

중요한 것은 세상은 한 가지 방식으로만 이루어지거나 그 방식이 아니면 절망으로 가는 것이 절대 아니라는 것입니다. 사회 분위기가 변화하고 바뀌고 있다고 하지만 여전히 많은 학생들이 좋아하는 것보다 해야 하는 것에 우선순위를 둡니다. 심지어 무작정 그것만이 내 세상인 것 마냥 당장에 할 것만 하다 보니 정작 하고 싶은 게 무엇인지도 모르게 되니, 공부와 연결 고리를 단단히 만드는 것이 중요합니다. 해야 하는 것과 하고 싶은 것이 서로 연결될 때 마음이 순탄하게 움직이기 시작됩니다. 현재 그 행위가 미래에 하고 싶은 일에 어떠한 도움이 되고 어떻게 힘으로 발휘될 수 있음을 느끼는 순간, 공부는 누가 시키지 않아도 나의 몫이 됩니다.

물론, 선택이나 판단을 어려워할 경우 많은 경우의 수와 가능한 다름을 알 수 있도록 부모님이나 선생님이 도와줄 수도 있어요. 도움을 찾고 노력하는 과정도 용기이며 경험입니다. 때로는 옆 친구보다 늦게 배우고, 시험 성적이 기대만큼 나오지 않을 수도 있습니다. 그러나 나는 틀린 것이 아니라 다른 존재라는 것과 그 길 위에서 나는 누구이고, 무엇을 좋아하는 사람인지 조금씩 알아가고 있다면, 그건 이미 잘 살아가고 있는 것입니다.

프랑스 철학자이자 소설가 장 폴 사르트르Jean-Paul Sartre 희곡 『닫힌 방Huis Clos』은 지옥에 갇힌 세 인물에 대한 이야기입니다. 지옥에 갇힌 세 사람은 불길조차 없는 그 곳이 혼란스럽기만 합니다. 시간이 흐르고 서로를 관찰하고 질문하며 서로의 시선과 평가 속에서 끝없이 고통받는 상황에서 아래의 구절이 나옵니다.

타인은 지옥이다.

L'enfer, c'est les autres.

결국 나를 파괴하는 나 자신이 아니라, 타인의 시선을 내 삶의 기준으로 삼는 것으로 나를 스스로 파괴하게 됩니다. 비교를 멈추고 자신의 기준에서 스스로를 온전히 바라보고, 그 흔들리는 혼란 속에서 나라는 거룩한 존재를 잊지 마시길 바랍니다.

비교에서 벗어나는 **3가지 마음가짐**

(마음자세 **1**)

주변의 말에 휘둘리지 않기

자신에게 잘 될 거라 가스라이팅하기

(마음자세 **2**)

강요된 공부보다 자발적 탐구

진도보다 궁금함에 집중하기

(마음자세 **3**)

내 리듬 존중하기

늦어도 괜찮고, 흔들려도 괜찮다고 스스로를 다독이기

☐ 친구 SNS 보기 전에 내 하루 먼저 돌아보기

☐ 오늘 공부 중 '내가 궁금해서 찾아본 것' 하나 적어보기

☐ 주변 친구가 잘하고 있으면 박수쳐 주고, "나는 나대로 충분해"라고 인정해주기

4

완벽한 삶, 그게 다 진짜일까?

6 likes

lame '언제부터일까? 화면 속 세상이 더 선명해지고, 내 손에 들린 현실은 답답함… 미래도 없는 것 같고, 초라해 보이며 조금씩 흐려지는데… 반듯한 책상, 알록달록 정리된 노트, 매일 아침 조깅하며 올리는 인증샷, 명문대 로고가 박힌 후드티, 그리고 마치 전리품처럼 올라오는 합격증과 수상 사진들. 모든 장면을 바라보다 보면 문득, 나만 뒤처진 것 같고, 나만 초라해진 것처럼 느껴지는 순간이 있다. 하지만, 정말 그것이 그들의 전부일까?

#공부스타그램 #공스타그램 #공부기록 # 좋반 #studywithme #studygram

빛나는 모든 것이 금은 아니다.
Non omne quod nitet aurum est.

우리가 보는 수많은 완벽한 하루는 어쩌면 그들이 보여주고 싶은 장면의 일부로, 원래의 의미나 장면과 상관없이 본인의 의도대로 보여주는 단장취의*같은 천사의 편집**일뿐입니다. 모든 것이 정제된 휴대폰 창을 통해 투명한 듯 보이지만, 그 안에 담기지 않은 수많은 고민, 눈물, 실패의 순간들은 어쩌면 더 본질에 가까울지 모릅니다. 사람들은 선별된 몇 장의 단편적인 사진으로 모든 것은 이해하려고 합니다. 근데 누구의 삶도 매일 반짝이지 않는다는 것, 빛이 있는 곳엔 반드시 그림자가 있다는 것을. 그러니 유튜브나 인스타그램 속 사진을 자신과 비교하며 자신을 낮추며 조급하지 말고 그 흔들림을 멈추고, 보여지지 않는 존재를 인지해야합니다.

온라인에 떠돌아다니는 것을 따라하기 급급해서 현실에서는 정작 하고 싶은 것이 무엇인지 진정 아는 친구도 드물어 보입니다. 그저 어른들이 만든 답안지에서 벗어나 자기만의 물음표 하나를 품고 싶은 반항이나 일탈일 수도 있습니다.

'나는 좋아하고, 어떤 순간에 내 마음은 가장 편하고 행복한가?'

---

* 단장취의(斷章取義)문장을 잘라서 인용한 다음 원작자의 뜻과 상관없이 본인의 의도를 취한다는 의미.

** '악마의 편집'과 반대되는 개념으로 부정적인 면모나 흠을 감추고 띄워주는 방식의 과대포장 또는 미화를 지칭하는 말.

〈에우리디케의 죽음〉, 아리 쉐퍼, 1814년, 블루아 성 박물관

이 단순한 질문이, 이 복잡한 세상에서 여러분의 방향을 다시 찾게 해줄 나침반이 될 수 있습니다. 이쯤에서 한 가지 신화를 함께 얘기해 볼까 합니다.

오르페우스Orpheus와 에우리디케Eurydice의 이야기는 많이 알려져 있는데 오르페우스가 에우리디케를 다시 잃은 후, 세상의 그 어떤 노래에도 위로 받지 못하고 침묵을 선택한 장면은 잘 알려져 있지 않았습니다.

천상의 소리로 주위의 모든 존재에게 아름다운 소리를 선사했던 오르페우스는 에우리디케와 사랑에 빠져 결혼했습니다. 그러나 에우리디케는 농업과 꿀벌의 신 아리스타이오스Aristaeus의 유혹에서 도망치다 독사에 물려 죽게 되었습니다. 오르페우스는 그녀의 죽음을 믿을 수 없었고, 죽음의 문턱 너머에 있는 지하세계에서 그녀를 구하고자 자신의 특기인 리라Lyra 를 연주하였습니다.

그 연주를 들은 저승의 수문장인 케르베로스Cerberus, 죽음의 강을 지키는 신 카론Charon, 심지어 죽음의 왕 하데스Hades와 그의 아내 페르세포네Persephone까지 감동 받았고, 절대 들어갈 수 없었던 지하 세계에서 에우리디케를 데려가도록 허락했습니다.

근데 죽음의 왕 하데스Hades가 지켜야 할 한 가지를 경고했는데 지하세계에서 지상에 도달하기 전까지 절대 뒤돌아보지 말라는 것이었습니다. 그러나 그는 약속을 어기게 되고 에우리디케는 영영 저승세계

<지하 세계의 오르페우스>, 루이 자크송 드 라 셰브뢰즈, 1863년, 오귀스탱 미술관

<오르페우스의 죽음>, 에밀 레비, 1866년, 오르세 미술관

로 빠져 버렸습니다. 오르페우스가 에우리디케를 확인하고자 했던 행동이 화근이 되었습니다. 그는 사랑하는 에우리디케의 영원한 죽음으로 더 이상 어떤 음악도 연주하지 않았고, 화려한 무대도 거절했습니다.

그런데 오르페우스를 천상의 소리, 리라Lyra연주로만 그를 바라 보았다면 그가 추구했던 또 다른 진정성이 어떤 모습인지 잘 알지 못하는 것입니다. 그는 침묵의 시간 속에서 지켜야 할 것에 대해 다시 질문하기 시작했습니다. 사랑이 무엇이고, 삶이 왜 이토록 복잡한 선택이며, 책임의 연속에 대해 말이죠. 오르페우스는 노래를 멈췄지만, 그의 침묵은 또 다른 능력으로 전혀 다른 종류의 노래가 되었습니다.

그의 음악은 한때 숲 속의 짐승과 나무, 강물까지도 감동했던 힘이 있었지만, 오르페우스는 산과 들을 떠돌며 어떤 노래도 부르지 않았으며, 누구의 위로도 받아들이지 않았습니다. 그의 완전한 침묵 속에 들어 가버린 모습은 많은 신들을 화나게 했습니다.

결국 그의 긴 침묵은 디오니소스Dionysus의 여사제들인 마이나데스Maenades의 분노를 불러일으킵니다. 오르페우스가 디오니소스의 축제를 거부했다는 이유로 광란에 휩싸여 오르페우스를 죽이게 됩니다. 그가 연주하는 단편적인 모습만 인정했던 신들에게 침묵을 통하여 사랑과 진정성을 표현했던 것입니다. 그런 진정한 사랑과 의리를 지키는 모습은 오히려 많은 사람들에게 귀감과 울림이 되었습니다.

여러분도 비슷한 과정을 지나고 있다고 생각해 보세요. 남들처럼 멋진 인증샷도 없고, SNS에 반응 받을 소식 하나 없을지라도 묵묵히 자기만의 길을 찾아가는 그 시간 속에서 삶의 깊이를 조금씩 알아가고 있는 것은 너무도 훌륭합니다. 오늘 당장에 내가 하는 공부와 활동이 눈에 띄지 않아도 지금 충분히 잘하고 쌓아가고 있다고…

오늘 하루를 성실하게 살아내고 있다는 그 사실만으로도 이미 여러분은 자기 삶을 책임지고 있는 사람이자 화려한 장면 하나 없이, 조용히 하루를 견뎌내고 있는 그 마음, 그 자체가 반짝이는 성실의 증거입니다. 나의 하루하루 생활들이 당장은 눈에 보이는 결과가 없다고 해도 내가 진정으로 노력하고, 정성을 보이는 모습 속에서 생긴 작은 궁금증과 친구들과 소소한 교류, 그 모든 것이 삶을 형성하고 있는 것들입니다. 가끔은 멈춰 설 수도 있고 흔들릴 수도 있습니다. 아무리 세찬 바람이 불어도 여전히 마음속 등불이 꺼지지 않았다는 사실입니다.

좋아 보이는 것보다, 실제로 선(善)하기를 원했다.
Esse quam videri bonus maluit.*

지금 여러분이 걷고자 선택한 길이 남들과 조금 다를지라도, 천천히 걷더라도, 그 길은 결국 여러분 자신의 이야기가 될 것입니다. 그리고 그 이야기는 누구보다도 깊고 단단한 여러분 자신만의 삶으로 남

---

* 살루시우스Salutius의 『카틸리나의 전쟁Bellum Catilinae』 54장에 등장 '남들의 눈에 비치는 외양보다, 자기 내면에서 우러나오는 참된 삶을 선택'하는 것이 필요하다는 것을 강조한 어구. 명성보다는 진실을 중시한 인물 카토Cato와 권력욕과 야심이 컸던 카이사르Caesar를 대조적으로 표현하면서 소개한 표현.

을 것입니다.

여러분의 진짜 삶은, '♥', '좋아요'의 숫자가 아니라, 스스로를 더 깊이 사랑하게 되는 그 과정 속에 있습니다.

말은 은이고, 침묵은 금이다.

말하기 전에 먼저 들어라.
두 개의 귀와 한 개의 입이 있는 이유다.

SNS 보다 중요한 나의 **3가지 시선**

공식 1

화면은 일부, 삶은 전체

SNS 속 하이라이트가 전부는 아니라는 걸 기억하기

공식 2

반짝임보다 성실함

보이지 않아도 묵묵히 이어가는 나의 루틴 소중히 여기기

공식 3

좋아요보다 좋아하는 나

외부의 인정보다 내 마음의 안정과 진심을 더 중요하게 여기기

☐ SNS 사용 시간을 줄이고, 나만의 생각을 적어보기

☐ 하루 중 내가 '가장 집중했던 순간'을 적어 보기

☐ 오늘 잘한 일 한 가지를 스스로 인정해주기

5

감정에 흔들려도
나를 잃지 않기 위해

사랑과 성장사이, 고등학생이라는 시간의 균형

Inter amorem et crescentiam: temperamentum temporis discipuli.

상담을 하다 보면, 슬며시 꺼내는 말들이 있습니다.

"제가 걔를 좋아하긴 하는데요… 공부가 손에 안 잡혀요…"

조심스레 묻는 듯하지만, 그 안에는 이미 흔들리는 마음이 너무 느껴집니다. 이렇게 말을 해야 한다는 것이 조금 미안하지만 학교에서 지켜본 경험을 기대어 말하자면,

사랑은 여러분의 눈을 멀게 할 것입니다.

Amor oculos tuos caecabit.[*]

어른들은 종종 듣기 싫은 말을 합니다.

"이성을 사귀는 것은 나중에 해도 돼. 지금은 공부가 먼저지!"

이 말이 틀렸다고 말하긴 어렵지만, 여러분의 감정을 누르는 것도 마땅치 않아 보입니다. 그 시기에 누군가를 향해 마음이 움직이는 것은 부끄럽거나 감춰야 할 일이 아니라 어쩌면 성장기에 너무도 자연스러운 일이고 한번쯤 나도 이성친구가 있었으면 하는 심리가 있는 것도 분명합니다.

제가 있는 학교는 전교생이 기숙생활을 해야 하는데 '연애금지'라는 엄격한 규율 속에서 틈새를 공략하는 학생들이 많습니다. 그러면서 눈에 안 띌 것 같은 표정과 행동을 한다지만 고스란히 보이기에…

"쟤네 같이 다니는 모습 꼴보기 싫으니, 어떻게 좀 해주세요!"

귀여운 투정 어린 목소리 뒤에 '부럽네'라는 모습이 보이는 것은 제 착각일지 모르겠습니다. 차가운 세상에서 흔들림 없이 목표달성을 위해 단호한 조치를 취하는 것은 세상을 조금 일찍 경험한 어른들의 바람이 아닐까 싶습니다.

오랜시간 수많은 학생들, 그대들이 말하는 사랑이 성장기의 노력을

---

[*] Propertius의 저서 'Elegiae' 2권 14장에 등장하는 '사랑은 눈먼 것이다Caecus Amor'를 미래형으로 동사를 만들고 '눈멀게 할 것이다caecabit', 목적어 '너의 눈을oculos tuos'를 넣어 만든 문장.

방해하는 경우를 셀 수 없이 봤기에 다음과 같은 경구를 대신 하고자
합니다.

나중에 후회할 일은 시작조차 하지 않도록 주의하라.
Cave ne quidquid incipias quod post paeniteat.*

그리스 신화 인물 중에 비극의 사랑 이야기의 주인공 레안드로스
Leandros와 헤로Hero의 이야기를 말해볼까 합니다. 저는 레안드로스와
헤로의 사랑은 마치 여러분의 사랑처럼 보입니다. 헤로는 바람이 강력
한 헬레스폰토스Hellespontos 해협 근처에 위치한 아프로디테 신전의
여사제였습니다. 그녀는 아름답고 총명한 여성이었으며, 신을 섬기는
삶을 살아가고 있었기에 세속적인 사랑이나 남녀 간의 관계는 멀리해
야 했습니다.

그러나 어느 날 레안드로스라는 청년이 제전(제사 의식)에 왔다가
헤로를 보고 단숨에 그녀에게 마음을 빼앗기게 됩니다. 레안드로스는
단순히 그녀의 외모뿐만 아니라 조용하고도 품격 있는 태도, 신성한
빛을 품은 듯한 눈빛에 이끌렸습니다. 그는 곧바로 사랑을 고백했지만
헤로는 이렇게 답합니다.

"나는 신의 여사제이기에 세속의 사랑은 받아들일 수 없다!"

그러나 레안드로스의 진심 어린 말과 꾸준한 마음과 자기감정에 충

---

* 푸블리우스 시루스Publilius Syrus의 『격언집Sententiae』 등장 어구

실한 태도는 결국 헤로의 마음을 움직이게 합니다. 레안드로스는 밤마다 몰래 만나기 위해 반대편 해협인 아비도스Abydos의 거센 물결을 뚫고 밤마다 헤엄쳐서 반대 해협으로 건너갔습니다. 헤로는 그가 길을 잃지 않도록 등불을 켜 놓았고, 그 불빛을 따라 그는 어둠 속 바다를 건너 사랑을 이어갔습니다. 그러던 폭풍이 몰아치던 밤, 헤로는 등불을 켜두었지만 거센 바람에 꺼지고 말았습니다. 레안드로스는 방향을 잃은 채 파도에 휩쓸렸고 다음 날 아침, 그의 차가운 시신이 신전 아래 바위에 걸려 발견됩니다. 그 모습을 본 헤로는 절망에 빠져, 그를 따라 투신하며 비극적인 사랑의 결말을 맞이하게 됩니다.

여러분의 끝날 것 같지 않는 지금의 외로운 항해처럼 레안드로스의 사랑도 무모한 용기와 무절제한 감정 속에 있었습니다. 우리가 누군가를 깊이 좋아하게 되었을 때, 서로 공부도 감정도 잘 다스릴 수 있다고 생각합니다. 그러나 절대로 현실은 그리 간단하지 않습니다.

제가 정말 해주고 싶은 이야기는 단순한 절절한 사랑과 애뜻한 감정이 아닙니다. 바로, 우리가 자기 자신을 스스로 어떻게 지켜야 하는가를 말하고 싶습니다. 레안드로스의 사랑은 아름다웠지만 자신을 잃는 사랑이었고, 헤로의 사랑은 숭고했지만 현실과 감정을 분리하지 못한 채 끝이 나고 말았습니다. 여러분의 감정을 존중합니다. 그 감정은 너무도 자연스럽고 아름다운 것이죠.

그러나 그 감정이 나 자신, 공부, 친구 등 '삶의 균형'을 무너뜨린다

<헤로의 마지막 기다림>, 프레데릭 레이턴 경, 1880년대, 맨체스터 시립미술관

면, 정작 가장 소중한 것들을 잃게 될 수도 있습니다. 진정한 사랑은 자신을 지킬 때 지속할 수 있습니다. 레안드로스와 헤로는 사랑했지만 그 사랑의 자제와 균형을 잃었을 때, 얼마나 빠르게 무너지는지 보여 줍니다. 여러분이 앞으로 어떤 감정을 만나더라도 그 감정 속에서 자기 자신을 잃지 않으며, 그 사랑이 여러분을 약하게 만들기보다 더 강하고 깊은 사람으로 만들어 주길 바랍니다.

아무도 자신을 먼저 사랑하지 않고는 이웃을 사랑할 수 없다.
Nemo enim potest diligere proximum nisi prius se diligat.*

지금 여러분이 지켜야 할 가장 소중한 존재는 자신입니다. 감정에 흔들리는 건 자연스러운 일이지만, 그럼에도 감정과 나 사이에 적절한 거리를 둘 수 있는 힘조차 어른이 되어가는 성장의 일부분임을 잊지 마세요!

---

* 아우구스티누스Augustinus의 『기독교 교훈론De Doctrina Christiana』 1장에 소개된 어구.

균형 맞추기 위한 3가지 태도

(태도 1)

감정의 파도 위에서도 중심 잡기

→ 좋아하는 마음은 숨기지 않아도 되지만, 그 감정에 휩쓸려 '나'를 놓치지 않기

(태도 2)

사랑보다 더 오래 가는 건 '자기 존중'

→ 누군가보다 나를 사랑하는 시간을 갖기

(태도 3)

균형은 자제에서 온다

→ 공부, 관계, 감정 중 하나가 무너질 때 다른 하나를 세워 균형 맞추기

☐ 나의 감정 일기를 써보기

☐ 다른 일이 있더라도 '온전한 나의 시간'을 30분 이상 확보하기

☐ 내 감정이 흔들 때, 잠시 멈추고 스스로 곱씹어 의식하기

나는 진정 누구일까?
정체성
4

어느 날 예배를 마치고 학교에서 잠시 일을 보고, 한 학생을 차에 태워줄 일이 있었습니다. 교회 목사님 딸이었던 그 친구가 대뜸,

"선생님은 왜 교회에 다니세요? 하나님이 있다고 믿으세요?"

순간 오만 가지 생각이 머리를 지나 갔으나 직업정신을 발휘해서,

"그것은 하나님을 믿을 수 있는 나의 믿음Fides 때문이지"

이렇게 말해놓고 화제를 돌려, 목적지에 데려다 주고 돌아오는 동안 머리속에 그 물음이 한참동안 떠나지 않았습니다.

라틴어 중에는 피데스Fides*, 크레덴시아Credentia** 가 있습니다. 사실 그 중 무엇인지 모른 채 정답 없는 궤변을 늘어 놓는 말처럼 들리는

---

* 라틴어 Fides는 '관계적·윤리적·객관적' 의미로 도덕적, 종교적, 보편적 믿음(신의, 충실함 등)을 강조.

** 라틴어 Credentia는 '개인적·주관적·심리적' 의미를 가지고 있으며, 개인의 내면적 확신을 강조.

경우가 너무 많습니다.

'나는 누구인가, 사랑은 무엇이며, 인생은 어떻게 살아야 하는가?'

삶의 본질을 대한 물음은 종교인이나 지식인의 의견 그리고 온라인의 수많은 검색을 통해 정말 셀 수 없을 만큼 많은 답인 듯 둔갑해 있습니다. 그런데 사람들은 유명세에 기대어 말하는 것에 더 큰 해답이 있는 것처럼 믿고 따르는 것은 왜 그럴까요!

여러분은 스스로에게 본질적인 질문에 답을 해본 적이 있나요? 정답은 없지만, 스스로 믿음Credentia를 가지고, 의심 없이 노력하면서 앞으로 쭉 나아가는 모습을 가져 본적이 있는지 생각해 봅시다.

문득 내가 살아가는 길이 옳음에 대한 지독한 의심을 지나 깊은 슬럼프에 빠진 경험이 있었다면… 그때는 종교를 찾거나 도덕적 신념Fides이나 정의란 무엇인지에 대한 교과서같은 정답에 기대는 것도 괜찮을까 싶습니다.

아르헨티나 작가 호르헤 루이스 보르헤스 Jorge Luis Borges의 작품 『보르헤스와 나Borges y yo』에서는 짧고 굵은 메시지로 '자신의 참모습'에 대한 고민을 말하고 있습니다.

나는 이 글을 누가 쓰고 있는지 모르겠다.
Yo no sé cuál de los dos escribe esta página.

그 산문집에서 마지막 문장을 통해 느껴지는 작가의 고민하는 모습을 여러분은 느껴지시나요?

진정한 자신의 모습과 남들에게 보여지는 모습보다 '나는 진정 누구일까?'에 대한 끝없는 의심을 넘어 체념하며 믿고 싶은 대로 믿는 모습으로 세상을 살아가는 자세, 인생을 살아가는 힘으로 보이기도 합니다. 이는 앞서 말한 주관적인 신뢰를 의미하는 '크레덴시아Credentia'라고 볼 수 있습니다. 사실 저 또한 이 글을 쓰면서 제가 경험했던 인생의 경험 속에서 믿고 싶은대로 믿는 믿음Credentia과 이론적 의리, 신에 대한 충성심 가득한 믿음Fides 사이에서 뭐가 더 맞는 것인지 모르겠습니다. 가끔 방향을 잃어 내 자신이 세상에서 없어지는 느낌을 받지 않는다면, 믿음Credentia이라는 것을 더 앞에 내세우면서 살아가는 것이 맞지 않을까 생각하게 됩니다.

나의 신념이 때때로 나 자신을 오류로 이끌었다.
Credentia mea me ipsum in errorem duxit non numquam.*

위와 같은 말처럼, 내가 하는 행동이 간혹 잘못된 길로 이끌더라도,

* 키케로Cicero의 투스쿨룸 대화Tusculanae Disputationes 1장에서 소개된 '많은 거짓이 진리인 듯 신념에 의해 여겨진다.Multa falsa pro veris opinione ducuntur'는 말에서 착안해 직접 만든 어구.

그것도 나의 인생의 방향에 자양분이 될 수 있다면 너무 좋을 것 같습니다.

중요한 것은 너무 극단으로 가지 않고 중용의 자세를 취하는 슬기로움을 가지면 어떨까 싶습니다. 다만, 자신이 좋아하는 분야가 있다면 정말로 최선을 다해서 자기의 믿음을 실현시키려고 노력한다면 정말 멋진 모습으로 성장할 겁니다.

누구든 황금의 중용을 사랑하는 사람은 행복하다.
Auream quisquis mediocritatem diligit.[*]

저는 여러분의 개성을 절대로 잃지는 않았으면 좋겠습니다. 다만, 개성과 꼴불견 사이에서 남에게 피해주지 않는 사회적 기준과 상식에 맞는 모습을 유지한다면, 너무 멋진 여러분의 삶이 될 것이라 봅니다.

정답 없는 문제, 나는 누구인가!

저 또한 살아가면서 나만의 해답을 찾을테니 여러분도 꼭 자신만의 해답을 찾길 바라겠습니다.

---

[*] 호라티우스Horatius의 『송가Odes』 2권.

1

잘 사는 것은 무엇인가?

다른 이들의 뜻이 아니라, 너의 뜻이 이루어지길.
Fiat voluntas tua, non aliorum.

"넌 뭐 하면서 살고 싶니?"

"선생님, 저는 행복하게 살고 싶어요."

이것이 우문현답인지, 현문우답인지는 모르겠지만, 한 가지 분명한 것은 자신의 현재 삶을 기준으로 더 행복하고, 더 즐겁게 지내고 싶다는 바람을 갖고 있다는 점입니다.

입학한 지 한 달도 채 안 되어 시무룩한 얼굴로 상담 온 친구는,

"제가 적응하고 다른 친구들만큼 공부는 잘할 수 있을까요?"

갑작스러운 변화에 적응하지 못해 힘들어 하는 학생들을 보며, 혹

자는 누구나 가고 싶은 특별한 학교니 그런 것이 아니냐 하겠지만 결코 다르지 않습니다. 학교가 명문이든, 중소도시의 작은 학교든 상관없이 대한민국 많은 친구들의 고민입니다.

또래 집단이 아닌 모든 세대가 함께 있는 곳이라면 오히려 괜찮을지도 모르겠습니다. 학기 초 같은 또래 집단과 선배도 존재하는 상급 학교의 분위기는 불안감이 극대화 된 상태입니다. 그 순간만큼은 세상에서 자신만 가장 힘들다고 느끼는 것이 어쩌면 당연합니다. 이러한 상황이 만들어진 것이 현대 사회에만 해당하는 것이 아닙니다. 과거부터 지금까지, 새로운 어려움을 겪는 이들에게는 자신의 고통이 전부이며 가장 힘든 일처럼 느껴지는 현상은 어제 오늘 일이 아닙니다. 고대 로마 시대부터 오늘날까지 변함없이 인간 사회 속에서 언제나 있었던 보편적 감정입니다.

각자에게 자기 고통이 가장 크다.
Suus cuique dolor maximus est.*

당장 눈앞에 보이는 현실의 고민들로 미래를 행복하게 살고 싶어하는 꿈과 희망이 느껴지지 않습니다. 오히려 살아가고 있는 현실 속에서 불안과 불확실성 속에서 다른 사람과 자신을 비교하며 방향을 찾지 못하는 모습이 더 선명하게 보입니다. 미래의 삶을 위해서 어떻게

* 고대 로마 시인, 푸블리우스 시루스Pubilius Syrus의 『격언집Sententiae』에 수록.

살아야 한다는 희망적 메시지를 보여주며, 꿈과 희망이 얼마나 중요한지에 대해서 찾아보면 며칠을 뜬눈으로 지새워도 다 못 볼 지경입니다. 근데 동기부여도 당장의 고민과 문제가 사라져야 하는데, 그것이 자신의 발목을 잡고 있으니 아무리 좋은 명언이나 글귀라고 해도 눈에 잘 들어오지 않습니다.

세상이 바뀌어도 자신에게 투자하는 것이 중요하다는 것은 너무도 잘 알고 있는 사실입니다. 많은 친구들이 스스로 한계를 설정하고, 아무런 시도조차 하지 않고 무기력하게 시간을 보내거나 잠을 자면서 현실을 피하거나 스마트폰으로 불안을 잊으려 하는 모습도 보입니다. 결국 극심한 감정 기복을 보이며 자신을 더 깊이 자책하고, 자신을 보이지 않는 곳에 가두려 합니다. 비관과 낙망의 끝에 마침표를 찍으려 합니다.

"선생님이 생각하는 인생의 성공이 뭐예요?"

"매일 아침 눈을 떴을 때, 다시 하루를 살아가고 싶다는 생각이 드는거지!"

현실은 좋은 대학에 입학하고 많은 돈을 벌고 오늘의 친구가 내일의 다른 계층으로 나눠지는 '속물사회'로 만들어져 있습니다. 그러니 인생이 꼭 좋은 대학이 행복을 주는 것이 아니라는 말은 현실적으로 다가오지도 않고 오히려 그저 그런 따분한 위로로 치부해 버립니다.

키케로Cicero는 진정한 행복Felicitas을 부, 명예, 쾌락이 아닌 '자신의 도덕적 선' 즉, 자신이 올바른 삶을 살고 있다고 스스로 확신할 수 있는 마음에 달려있다고 강조했습니다. 지속 가능한 행복, 공허하지 않은 삶을 추구한다는 것은 외부의 인정이 아니라 스스로를 돌아봤을 때 절대 부끄럽지 않은 상태와 모습을 갖는 자신이 되어야 한다는 것입니다. 무엇보다도 '내 자신'을 존중할 수 있어야 한다는 것, 남들이 정해 놓은 기준에 맞춰 '괜찮은 삶'을 사는 것이 아니라 내가 원하는 삶을 '괜찮게' 만들어 가는 것, 그것이 진정으로 잘 사는 인생이 아닐까요?

나답게 '잘 산다'는 3가지

공식 1

남이 아닌 나의 의지으로 살아가기

→ 타인의 기대나 기준이 아니라, 내가 옳다고 믿는 가치로 하루를 선택하기

공식 2

성취보다 지속 가능한 행복을 추구하기

→ 행복은 순간의 성공이 아니라, 매일 아침 다시 살아가고 싶다는 마음이다

공식 3

키케로의 행복론처럼, 내면의 덕을 가꾸기

→ 행복은 부나 명예에 있지 않고, 자신이 옳다고 믿는 삶을 사는 데 있다

☐ 남의 기준이 아닌 내 기준으로 한 가지 결정 내려보기

☐ 오늘 하루 후회 없었는지 질문하기

☐ 어제보다 오늘이 나아졌는지 돌아보기

2

정답은 없어도 나만의 해답은 있다.

사람은 각자 자신의 운명을 만든다.
Faber est suae quisque fortunae.

사실 인생의 정답은 없습니다. 우리의 인생은 명확한 정답, 오답을 찾는 과정이기 보다 스스로의 해답을 만드는 과정에 가깝습니다. 그러나 그런 과정을 찾을 시간보다는 우리 현실은 집, 학교, 학원, 동아리 활동 등 정해진 일정으로 바쁘게 돌아갑니다. 세상은 인생의 방향은 늘 정답을 찾으라고 강요하는 것 같습니다. 많은 사람이 생각하는 성공과 실패가 구분되는 세상에서 자신을 무지성으로 밀어붙이면서 살게 됩니다. 어느 순간 대다수가 살아가는 방식으로 물 흘러가듯 살아갑니다.

직간접적으로 강요되고 있는 의대 쏠림 현상은 그것이 인생의 성공 공식처럼 보이기도 합니다. 어쩌면 수많은 도전과 갈림길에서 다수가 좋다는 생각과 결정장애처럼 보이기 싫어 어른들의 꿈을 대신 이뤄주는 것은 아닌가요?

이렇게 복잡하고 어지러운 세상에는 누군가는 안정적인 길을 원하고, 누군가는 도전과 모험을 선택하기도 합니다. 겉으로 보여주기 좋은 스펙이 중요하지만 어떤 이에게는 하루를 웃으며 재미있게 보내는 것이 더 큰 성취일 수도 있습니다. 이것은 개인의 성향과 욕구의 만족도 차이겠죠.

너의 길은 유일하다.
Via tua unica est.*

위의 말은 마치 '하나'의 목표가 전부인 것처럼 의미로 보이지만, 반의적으로 오히려 '유일'하다는 것은 절대로 세상에 하나 밖에 없는 자신만의 영역이라는 것을 말합니다.

---

* 람 다스Ram Dass의 『One-Liners: A Mini-Manual for a Spiritual Life』(2007) 중에 자신의 길을 남과 비교하지 말고, 자신만의 독특한 길을 가라 'Don't compare your path with anybody else's. Your path is unique to you.'로 소개된 것을 라틴어로 번역함.(국내 미출간)

<호라티우스 형제들 맹세>, 자크루이 다비자크루이 다비드, 1784년, 루브르 박물관

너의 길을 다른 사람들과 비교하지 마라.

Viam tuam cum alterius ne compares.

앞에 이 문장이 있었다면, 오역하거나 오해하지 않았을 것 같습니다. 정답은 하나가 아닙니다. 사실 정답은 애초에 없을 수도 있습니다. 길은 만들어가는 것이고, 내 삶은 오직 내가 개척하는 수밖에 없다는 것입니다.

예를 들어, 한 학생이 10개의 이야기를 만들어서 학교에 입학합니다. 열심히 쌓아온 경험, 좋아하는 관심사, 잘하고 싶은 일을 이야기하고 입학에 성공했습니다. 그러면 10개의 이야기가 완벽하기 때문에 그것만으로 모든 것을 이룬 것일까요?

학교에서의 10개의 이야기를 끝없이 고치고, 확장하고, 나누는 과정 속에 있습니다. 다른 친구의 이야기를 들으며, 때로는 부러워하고, 감탄하고, 자극을 받으면서 내 이야기를 다시 돌아보며 수정하는 것, 그것이 곧 성장입니다. 처음에는 나만의 10개 이야기였지만 어느새 7번, 77번 고치고 777개의 연결을 만들며 세상에 단 하나뿐 인 나만의 이야기가 되어가는 것.

"넌 이거 왜 안 해? 애들도 다 벌써 끝냈다는데…"

이럴 때 조급하거나 스스로 중심을 잃지 말고 휩쓸리지 않아야 합니다. 우리는 공장에서 똑같은 모습으로 찍혀 나오는 제품이 아닙니다. 가끔 같은 이름을 가진 사람을 마주하지만, 이름만 같을 뿐 모두 다른 수공예품 같은 세상에 하나밖에 없는 존재입니다.

누구는 글쓰기를 잘하고, 이 친구는 실험하는 것을 좋아하고 저 친구는 피아노 연주, 누군가는 그림 그리기와 디자인, 어떤 이는 집단을 이끌고 리더십을 발휘합니다. 교실 안에서 각자 가진 이야기가 하나로 묶을 수 없기에 자신의 삶을 탐닉하고 바라보아야 합니다.

동양에는 삶의 해답을 찾는 여정에 대한 이야기가 있습니다. 석가모니, 즉 고타마 싯다르타는 기원전 5~6세기경 인도 북부의 왕자였습니다. 태어날 때 점성가들은 그가 위대한 성인이 될 운명이라 예언했죠. 하지만 아버지는 그가 성인이 되는 것을 원하지 않았고, 오로지 왕이 되길 바랐습니다. 그래서 아버지는 싯다르타를 궁 안에 가두어 고통, 죽음, 슬픔 등 인생의 어두운 면을 보지 못하게 했습니다. 그는 철저히 고통과 불행으로부터 격리된 삶을 살았습니다. 그러다 20대 초반 몰래 궁 밖에 나가고 인생의 진실과 4가지를 마주하게 됩니다.

그것은 생로병사, 누구나 사람이 태어나면 늙고 아프고 죽는다는 것입니다. 그는 결심합니다.

'나는 진짜 삶의 의미를 찾아 진정한 자유와 평화를 찾겠다.'

싯다르타는 29살에 아내와 자식을 뒤로 하고 수행자의 삶을 택합니다. 6년간 고행을 하며 먹지 않고 자지도 않는 극단적인 방법으로 해탈을 시도합니다.

그는 보리수 나무 아래 앉아 깊은 명상에 들고, 마침내 세상의 모든 고통과 윤회의 원인, 그리고 그것으로 해탈, 즉 벗어나는 길을 깨닫습니다. 그 깨달음은 바로 '사성제'인데 이것은 '고집멸도'로 정리할 수 있습니다. 먼저 인생은 고통인데, 그 고통의 원인은 집착(욕망)이며, 그 집착을 끊으면 고통은 사라지며 그 도를 따르는 것은 팔정도를 라고 했습니다. 팔정도는 올바른 이해, 생각, 말, 행동, 생활, 노력, 마음챙김, 집중입니다. 이 길을 따르면 마음의 집착에서 벗어나 진정한 자유와 평화, 곧 열반에 이를 수 있다는 가르침입니다.

저는 여러분의 모습과 싯다르타의 모습이 매우 닮아 있어 보입니다. 정해진 교육의 학교와 통제된 궁 안, 부모님의 원하는 삶과 고민, 불안과 방황 그리고 결국 출가를 통하 자신의 삶을 개척한 삶, 싯다르타의 고행의 과정에서 여러분의 오늘도 보입니다. 오늘 우리의 하루는 여지없이 저물고 또 밤이 찾아옵니다. 그리고 내일은 하루가 여지없이 시작합니다. 반복되는 인생의 굴레 속에서 우리는 살아갑니다. 무엇을 하고 싶은지 어떤 길이 맞는지 무엇을 해도 불안해하거나 걱정스러운 마음이 든다는 것을 너무 잘 알고 있습니다. 우리는 살아가면서 하고 싶은 일은 계속 바뀌고 움직입니다. 어릴 때부터 명확히 자기의 삶을 정해놓고 사는 사람은 극히 드뭅니다. 배움이 직업인 학생이라는 신분으로 질문하고 시도해보고 실패하면서 길을 만들고 지도를 그려가는 시기이기 때문이죠. 정해진 답을 맞히는 것이 아니라, 나로서 살아갈 길을 탐색하는 것, 그게 바로 해답을 찾는 과정입니다.

싯다르타가 궁 안에 안전하고 편안한 삶에 벗어나 방향을 변화한 것처럼 여러분도 스스로에게 이렇게 생각해 보세요.

'나를 위해 노력하지 않는 것은 내 삶의 존중이 아니야!'

지금은 다 알지도 못하고 다 보이지 않아도 삶의 대해 꾸준히 살펴보세요.

싯다르타도 6년간 고행에 끝에 자기만에 진리를 찾은 것처럼 여러분의 싱그럽고 아름다운 시절 가운데 작은 깨달음을 얻는 날들이 많기를 바라봅니다.

진리를 찾는 길은
정답을 외우는 길이 아니라,
질문을 멈추지 않는 길이다.

나만의 해답을 찾기 위한 3가지 공식

공식 1

나만의 기준이 시작점이야

비교 대신 나의 기준 세우는 연습하기

공식 2

진짜 나의 이야기를 시작해봐

좋아하고 오래 할 수 있는 일부터 시작해 보기

공식 3

흔들림 속에서도 질문하며 나아가자

불안해도 계속 걸어보는 용기내 보기

☐ 지금까지 나의 삶의 인상 깊은 사건 5가지 생각해 보기

☐ 훗날 나의 자서전에 어떤 내용을 쓸지 생각해 보기

☐ 나는 꿈과 목표를 이뤄야 하는 이유를 구체적으로 적어 보기

3

불안한 마음도 괜찮아

숨 쉬는 한, 희망은 있다.
Dum spiro, spero.

미국 독립선언서 작성에 참여한 토머스 제퍼슨Thomas Jefferson은 토머스 페인Thomas Paine과 함께 미국 독립을 위해 노력했습니다. 독립선언서 초안을 여러 차례 수정하며 세상은 언제나 불확실하고 예측 불가능하다는 점을 절실히 깨달았다며 말했습니다.

"나는 세상이 불확실하다는 것을 알기에, 한 치 앞도 내다보지 못한다. 그렇기에 최선을 다해 행동할 뿐이다."

이 말은 불확실한 세상 속에서도 끊임없이 노력하고 대응하는 인간의 자세를 보여줍니다.

〈독립 선언〉, 존 트럼불, 1817년, 미국 국회의사당

학기 초, 교실은 늘 묘한 긴장감으로 가득합니다. 누군가는 공부 계획을 세우고, 외부활동이나 인턴십 활동을 찾아보고, 또 누군가는 명문대에 진학한 선배들의 소식을 들으며 부러움에 말없이 한숨을 내쉽니다. 불안함은 배경음악처럼 하루 종일 우리 마음에 깔려 있습니다. 누구에게나 낯설고, 불확실하니까요.

여기 불안함에 대한 이야기가 성경에 있습니다.

욥기는 동방에서 가장 부유하고 존경받는 사람이었습니다. 그는 하나님을 경외하고 악을 멀리하며, 의롭게 살아가던 사람이었습니다. 아내와 아들딸 10명이 있었고 수천 마리의 가축, 많은 종, 땅과 명성으로 늘 하나님께 제사드리며 겸손하게 삶을 살았습니다. 그에게 불안함 없는 평화롭고 완전한 삶처럼 본 사탄은 하나님께 말합니다.

"욥기는 하나님을 경외하는 이유는 잘 살고 있기 때문 아닙니까? 그의 삶을 무너뜨려 보십시오. 분명 하나님을 저주할 겁니다."

하나님은 사탄에게 욥기를 시험할 기회를 줍니다.

단, 욥기의 생명은 건드리지 말라는 조건에서 연달아 재앙을 줍니다. 가축 몰살, 종들의 살해, 자식들의 모든 죽음, 자신의 몸에 악성 종기까지 생기니 아내마저 이렇게 말합니다.

"하나님을 저주하고 스스로 죽어버려라."

욥기는 모든 것을 잃고 극심한 불안과 고통 속에 빠져있을 때, 친구가 말없이 함께 7일간 울어주지만, 시간이 흐르자 이렇게 말합니다.

"네가 고통받는 건, 분명 죄를 지었기 때문이야. 하나님은 절대 이유 없이 사람을 벌하시지 않아."

하지만 욥기는 말합니다.

"나는 죄가 없어. 왜 이토록 고통을 주시는 이유를 모르겠다."

욥기는 하늘을 향해 외칩니다.

"나를 지으신 하나님이시여, 왜 나를 이렇게 버리셨습니까! 내 삶은 괴로움뿐입니다. 차라리 죽는 게 더 낫겠습니다!"

욥기는 극도의 불안, 혼란, 억울함, 신에 대한 분노와 의문을 드러냅니다. 그 때 하나님의 등장하여 욥기의 질문에 직접 답변 대신 이렇게 묻습니다.

"내가 땅의 기초를 놓을 때, 바다에게 경계를 정한 자가 누구냐? 하늘의 별자리를 네가 붙잡을 수 있느냐? 너는 모든 것을 이해할 수 없다. 나는 너보다 훨씬 크고, 깊고 광대하다. 그러나 나는 너를 잊지 않았다."

욥기는 그제서야 깨닫습니다.

"저는 무지했고 함부로 말했으며, 뜻을 몰랐습니다. 이제 저는 입을 닫고 주 앞에 잠잠히 참고 있겠습니다."

그 후, 하나님은 욥기를 회복시킵니다. 모든 재산과 가족을 다시 주시고, 이전보다 두 배의 복을 줍니다. 욥기의 가장 큰 고통은, 이유를 알 수 없는 고통이었습니다. 그러나 신은 모든 걸 설명하지 않았습니다. 우리도 때로는 모든 것을 이해하려 하기보다 받아들이고, 그 속에

〈욥과 그의 아내〉, 조르주 드 라 투르, 1620~1650년경, 에피날 미술관

서 의미를 기다려야 할 때가 있습니다. 욥기의 이야기처럼 불안과 고통은 죄 때문만이 아닙니다. 그것은 명쾌한 이유가 없을 수 있으며, 단순히 이유를 묻는다고 해결되지 않습니다. 이처럼 지금 여러분이 불안한 건 세상의 모든 걸 이해하려는 집착이 불안을 만듭니다. 이런 집착과 불안을 완화하고 종식시키는 방법은 '신뢰'입니다. 욥기은 고통 속에서 신을 향한 분노, 항의, 질문을 쏟아냈지만, 결국 완전한 이해보다 깊은 신뢰를 선택합니다.

결국 불안한 마음을 잠재우는 건 완벽한 정보가 아니라, 내가 의미 있다고 믿는 '무언가'를 향한 신뢰입니다. 불안을 다루는 욥기의 지혜는 고통 속에 놓이고 신이 모든 것을 말해주지는 않지만, 결코 자기 자신을 버리지 않는다는 사실입니다. 여기서 우리는 고통 속에서 믿음이 흔들리는 인간의 내면을 봅니다. 지금의 우리의 불안함은 어디서 오는지 나 자신도 분명하지 않습니다.

현대 사상가 랄프 왈도 에머슨Ralph Waldo Emerson의 『자기 신뢰』* 에서 온전한 인간으로서 사는 법을 이렇게 말합니다.

"먼저 자신을 믿고 타인의 비교를 버려라. 내가 어제의 한 말을 오늘은 변화하는 것은 부끄럽지 않은 일이며, 그것이 성장을 위한 변화라면 문제없다. 사회에 기대에 맞추지 말고 나를 바라보고 살아라."

지금 여러분과 함께 교실에 앉아 있는 친구들과 서로 비교되는 환

---

* 자기 신뢰Self-Reliance"는 랄프 왈도 에머슨Ralph Waldo Emerson**이 철학 에세이

경, 그 불안 속에서도 각자가 걸어온 노력의 기록을 가지고 있는 이들이며, 여전히 무엇인가 찾고 불안함을 채워줄 희망의 끈을 계속 잡고 가고 있습니다. 수많은 활동들이 단지 기록을 위한 항목이 아니라 무엇을 통해 움직이며, 어떤 변화를 만들고 싶은지 자신의 열정을 발휘하는 여정 가운데 있는 것입니다.

불안함을 줄이기 위해서 운 좋게 인생의 멘토를 만날 수도 있겠지만, 그 확률은 그리 높지는 않습니다. 모든 삶의 방향은 본인이 찾고, 그 형태에 맞춰가면서 그에 맞는 멘토를 찾을 수는 있습니다. 멀뚱히 가만히 있으면서 멘토를 만나는 것은 서울에서 김서방 찾기보다 더 어려울 것 같습니다. 여러분이 생각하는 멋진 미래를 위해 무엇인가 도전하고, 만들어가면서 같은 길을 갔었던 선배를 발견하게 되면, 그 선배가 더 없이 좋은 멘토가 될 수 있습니다. 계속해서 경험해 온 여정처럼 선배들도 그 시기에 고민을 했던 사람일 것입니다. 그런데, 그 선배를 보면서 똑같이 하려고 애쓰지는 마세요. 같은 길을 간다고 해도 세상에 똑같은 사람이 있을 수 없습니다. 속도, 정도, 느낌의 차이가 분명 있습니다. 중요한 것은 모두가 결국 비슷해 보이지만, 자신만의 방식으로 길을 만들어 지금도 진행형으로 살고 있다는 것 꼭 알아두세요.

어떤 선배는 수많은 봉사활동을 통해 '세상의 구조적 불평등'을 고민하다 사회정책학을 전공하게 되었고, 어떤 선배는 동아리 활동을 통해 키운 글쓰기 실력으로 에세이를 빛내며 인문학 명문대에 합격했습니다. 어떤 선배는 스타트업 프로젝트의 경험으로 사업을 하면서 학생 CEO으로 미국의 경영 대학에 진학했고, 또 어떤 친구는 지자체의 학생의회 활동을 시작으로 꾸준한 인턴십을 하면서 유럽 대학에서 국제 문제 전문가를 꿈꾸는 길을 열어냈습니다.

더 중요한 것은 거기서 멈추지 않고 대학 합격 후, 학교를 다니고 졸업 이후에도 여전히 자신의 이야기를 확장하고 변화하며 이어가고 있다는 거죠.

각자 자기 자신의 달리기로 힘껏 겨룬다.

Cursu contendere quemque suo.*

베르길리우스Vergilius가 『아이네아스Aeneid』 Aeneid 5권에 나오는 달리기 경주를 단순한 운동 경기처럼 묘사하지만 인생과 운명의 은유적 표현으로 이해해야 합니다. 트로이의 영웅들이 달리기 하듯 인간도 자신에게 주어진 길을 최선을 다해 달려야 한다는 것을 말하고 있습니다. 여기에서 말하는 라틴어 '쿠르수 수오cursu suo'는 '자신의 경로' '달리기의 속도'를 의미하기도 하지만 문맥에서는 '각자가 자기 방식, 능력, 자기 몫의 길을 따라 달려가는 것'을 내포하고 있습니다.

---

* 아버지 안키세스Anchises 기일의 시칠리아에서 장례경기를 여는 장면 중, 달리기 종목의 이야기임.

　성공은 완벽한 계획이 아니라 불완전한 현실 속에서도 매일 성실하게 쌓은 하루의 선택으로부터 만들어졌습니다. 지금 결과 보다 무엇을 꿈꾸고 있고, 그 꿈을 위해 어떤 이야기를 만들어가고 있느냐가 훨씬 더 중요합니다. 훗날 자신의 이야기를 책으로 쓴다면 자신의 이야기를 써야 된다는 것을 기억하세요. 이야기를 시작할 때 완벽할 필요는 없습니다. 그 불안 속에서도 진심으로 말하고 싶은 게 있다면, 그 한 문장에서부터 나의 이야기가 시작입니다.

　지금 여러분이 하고 있는 고민, 불안, 머뭇거림. 그 모든 것들이 결국 자신을 더 단단하게 만들 겁니다. 그 끝이 어디까지 갈 수 있을지, 그 안에서도 자신만의 이야기를 멈추지 않고 써 내려가는 것이고 여러분은, 그것을 충분히 해낼 수 있는 인생의 주인공입니다.

우리를 가장 힘들게 하는 건
실제로 일어난 일이 아니라,
아직 일어나지도 않은 일을
머릿속에서 계속 키우는 생각이다.

불안 속에서도 나를 지키는 3가지 공식

공식 1

불안은 멈추라는 신호가 아니야

오히려 의미 있는 길 앞에 있다는 증거로 받아들이기

공식 2

내가 해온 것들은 사라지지 않아

작고 소소한 활동도 나의 기록이니 자부심 가지기

공식 3

완벽보다 중요한 건 매일의 성실함이야

완벽한 계획보다 오늘 하루를 잘 살아내는 데 집중하기

☐ 지금 내 안의 불안을 있는 그대로 받아들이기

☐ 활동 포트폴리오를 '증명'이 아니라 '이야기'로 바라보기

☐ 선배의 이야기 속에서 '공통점' 한 가지 발견해 보기

4

정말 원하는 삶은 무엇일까?

목적 없는 삶은 방황하는 삶이다.

Vita sine proposito vaga est.

"네가 정말 앞으로 원하는 삶은 무엇이냐?"

"우선 좋은 대학 가고 안정된 직장, 돈도 많이 벌고 그런 거죠."

하지만 조금 더 솔직하게 진심을 꺼내어 본질을 물어보면 많은 학생들이 이렇게 말합니다.

"제가 진짜 좋아하는 일을 하면서 살고 싶어요."

"세상에 제 이름을 남기거나 도움이 되는 사람이 되고 싶어요."

이런 말들은 정말 소중하고 귀합니다. 왜냐하면 그 안에는 진짜 나로 살고 싶다는 열망이 담겨 있으니까요. 그러나 현실의 삶은 본질을 흐리고 선택을 어렵게 합니다. 대한민국은 이름 있는 직업, 높은 연봉, 안정된 커리어를 기준으로 나눠버리는 이상한 습성으로 누구도 그 성공 기준에서 벗어나면 스스로를 숨어버리게 만듭니다. 대학의 서열은 고착화되고 부동산 지역 계급도까지 있는 참 살기 힘든 사회입니다. 그래서 누군가 남들 눈치를 보면서 진정 원하는 걸 포기하고, 누군가는 자신의 꿈과 생각을 가슴 깊이 묻어두고 살아갑니다. 하지만 여러분, 진심을 외면한 선택이 정말 나를 행복하게 해줄 수 있을까요?

진정으로 원하는 삶을 살기 위해서는 조금은 불확실하고, 조금은 외로운 길을 걸을 용기가 필요합니다.

앞서 말한 『아이네아스Aeneid』는 기원전 19~29년경에 쓰여진 베르길리우스Vergilius가 집필한 총 12권으로 쓰여진 라틴어 서사시입니다. 트로이 영웅 아이네아스의 방랑과 로마 건국의 신화인데, 그는 트로이 멸망 후 전쟁에서 살아남아 아버지 안키세스Anchises, 아들 아스카니우스Ascaniu와 탈출했습니다. 하지만 그의 아내 크레우사Creusa는 죽고 맙니다.

탈출에 성공한 그는 카르타고Carthago*의 여왕 디도Dido와 사랑에 빠졌지만 신들의 뜻에 따라 길을 떠났고, 디도는 절망 속에 자살을 하게 됩니다. 그 후 저승으로 내려가 아버지 영혼을 만나고 로마의 영광

* 튀니지 지역에 세운 고대 도시 국가

<아이네이아스와 투르누스의 결투>, 자코모 델 포, 1700년경, 로스앤젤레스 카운티 미술관(LACMA)

스런 예언을 받고, 투르누스Turnus 왕과 전쟁을 시작합니다. 이후는 수많은 전투를 겪지만 결국에는 아이네아스는 투르누스Turnus를 처단하고 그의 약혼녀였던 라비니아Lavinia와 결혼하여 라비늄Lavinium이라는 도시를 세웁니다. 그것이 로마의 전신이 됩니다. 마침내 그는 로마의 시조로서 주어진 운명을 완수하게 됩니다.

운명은 용기 있는 자를 돕는다.
Audentes fortuna iuvat.*

아이네아스의 삶처럼 반드시 거창하거나 특별할 필요는 없습니다. 내가 의미 있게 좋아하는 것, 하루를 기쁘게 시작하게 만드는 어떤 활동이 있다면, 그것이 바로 원하는 삶이자 행복이 될 수 있다는 것입니다. 우리는 자꾸만 어느 대학에 가고 어떤 직장에서 얼마나 좋은 연봉을 받을까 먼저 생각합니다.

좋은 직장은 그 삶을 가능하게 만드는 하나의 수단일 뿐이지만 내가 좋아하는 일을 하면 경제적 이익이 적을 수도 불안정도 있습니다. 하지만 세상이 정해진 기준 안에 나를 끼워 맞추는 것보다, 스스로 의미 있다고 느끼는 일에 도전하는 것이 더 깊은 행복감을 줍니다. 그 도전은 거대하고, 담대한 계획에서만 시작되지 않습니다.

* 베르길리우스Vergilius의 『아이데아스Aenied』 10권 284행. 트로이편에 선 전사 투르누스Turnus가 '전쟁의 위험 앞에서 주저하지 말고 용기'를 독려하면서 건넨 말.

고대 로마시대의 노예 출신 철학자인 에픽테토스^{Epictetus}의 원하는 삶에 대해 이렇게 말합니다,

세상이 어떻게 변하든, 내 마음은 흔들리지 않는다.
Quamvis mundus mutetur, animus meus firmus maneat.

에픽테토스는 진정 원하는 삶은 내면의 자유로운 삶으로 자기 통제, 욕망 절제 등 말합니다. 그는 특히 삶은 두 가지로 내가 통제 가능한 것과 통제 불가능한 것을 구분하며 자신의 태도에 집중하라고 합니다. 통제 가능한 것은 나의 의지, 판단, 욕망, 선택 등이며, 통제 불가능한 것은 타인의 행동, 재산, 명예, 육체, 죽음이라고 설파합니다.

그것도 결국, 내가 바꿀 수 없는 것에 신경 쓰지 말고, 내가 바꿀 수 있는 나의 태도에 집중하라는 것인데 타인이 나에 대한 평가, 미움, 모욕, 실패는 여러분의 것이 아닙니다. 여러분은 학교 안팎에서도 타인의 시선에 지배당하는 경우가 많습니다.

타인의 생각과 행동은 나의 것이 아니므로, 그 감정까지 내 것이 되어서는 절대 안 됩니다. 이 책을 읽는 당신도 책의 모든 것을 받아들이지 말고 사색하고 의심하고 공감이 된다면 비로소 그것이 자신의 생각이 되는 것입니다.

세상의 기준에 모든 것을 맞추지 말고 나를 스스로 돌아볼 수 있는

시간도 가지길 바랍니다. 하루에 한 권의 책, 하루에 한 줄의 글쓰기, 한 번의 자원봉사, 한 번의 발표 참여 등 바로 그런 작은 실천의 결정과 꾸준한 관심이 여러분의 변화를 시작하게 합니다. 지금 당장은 작고 보잘것 없고 의미 없어 보이는 결정일지 몰라도, 그것이 1년, 5년, 10년 후 자신의 삶을 전혀 다른 모습으로 바꿔놓을 수 있습니다. 정말 원하는 삶이란, 정해진 틀을 따르는 것이 아니라 불확실함을 감수하고도 스스로 선택한 방향으로 걸어가는 삶입니다.

천천히 서두르세요.
Festina lente.*

그 여정을 지금, 여기서부터 시작해보세요. 중요한 것은, 좋은 직장, 높은 연봉이 아닌 지금 나 자신이 진심으로 원하는 존재로서 삶을 향해 한 걸음씩 나아가고 있다는 겁니다. 직(職)의 정년이 있지만, 업(業)으로서의 존재에게 정년은 없다는 것을 명심하세요. 더 당장 지금 현실적으로 오늘 어떤 하루를 보내고 싶은가를 고민하고 생각해 보세요. 오늘 이 시간은 나의 인생에서 두 번 다시 돌아오지 않는 오직 한 번의 순간입니다.

---

* 수에토니우스Suetonius의 『아우구스투스 전기De Vita Caesarum』 25장에 소개. 아우구스투스 장군이 즐겨사용하던 좌우명으로 '너무 성급하면 오류가 생기고, 너무 지체하면 기회를 놓친다'는 '빠르게 하되 신중하라'라는 의미의 어구.

원하는 삶을 향한 3가지 공식

공식 1

삶은 직업보다 크다

어디서 직(職) 어떤 역할, 직무보다 평생 어떤 업(業)을 하고 싶은 지 고민하기

공식 2

작은 일에서 시작된다

책 한 권 읽기, 글 한 줄 쓰기, 자원봉사 한 번 참여해보기

공식 3

진심을 외면하지 않기

이익, 안정보다 무슨 의미 있는 일인가를 먼저 물어보기

☐ "나는 어떤 삶을 원하는가?"를 한 문장으로 써보기

☐ 내가 좋아하거나, 기쁘게 느끼는 활동을 하루에 하나 실천해보기

☐ 직업보다 '삶의 방식'을 먼저 상상해보며 진로계획 다시 써보기

5

꿈이 없으면 안 될까?

역경을 넘어 별을 향해.
Per aspera ad astra.

"저는 특별한 꿈이 없어요."

많은 학생들이 이렇게 말합니다. 그 말에 어른들은 종종 놀라거나 걱정스러운 눈빛을 보냅니다. 마치 꿈이 없다는 것이 나태하거나 준비가 부족하다는 것처럼 느끼게 하지요. 하지만 꼭 지금 당장 뚜렷한 꿈이 있어야만 할까요?

꿈은 정해진 것이 아니라, 경험을 통해 서서히 모양을 갖춰가는 과정인데 처음부터 결과를 확신하는 사람은 거의 없습니다. 우연한 기회에 여러 가지를 시도해 보면서 내가 어떤 걸 좋아하는지 어떤 일에 몰입할 수 있는지를 알아가는 것이죠. 그렇게 살아가다 보면 나 자신을 더 잘 이해하게 되고, 어느 순간 내가 가고 싶은 방향도 자연스럽게 속도가 붙고, 조금은 꿈이 확실해 보일 수 있습니다.

지금의 공부도 마찬가지입니다. 사실 공부가 재미있다고 하면 미쳤다는 친구도 있겠지요. 그만큼 암기하듯 새로운 것을 배우는 과정은 지루하고 재미가 없습니다. 단순히 공부는 지식을 외우는 것이 아니라 삶과 꿈과 목적을 가지고 공부에 임한다면 비로소 힘을 갖게 됩니다. 그러나 이 힘은 결코 하루아침에 생기지 않습니다. 결과만을 강조하는 세상에서 우리는 자주 과정의 가치를 잊곤 합니다. 시험 점수나 결과도 중요하다고 여기지만, 그 결과를 만들기까지 어떤 경험을 했는가 살펴보는 노력이 필요합니다.

절대로 '인생은 한 방이야'라는 생각은 버리세요. 우리가 즐겨 듣고 따라하는 아이돌 가수도 한 방에 인생역전을 한 것 같지만, 수많은 시간동안 꿈을 위한 연습 시간을 보냈습니다. 데뷔조차 못하고 사라져버리는 연습생이 대부분이라고 합니다. 절대로 인생 한 방, 공짜는 결코 없습니다. 설사 있더라고 그 얄팍함은 손으로 잡지 못하는 물과 같습니다. 작은 노력이 쌓여 꿈을 현실로 만듭니다. 그런 '꾸준함'에 관한 이야기를 하나 소개합니다.

고대 그리스 로마의 수사학자이자 정치가였던 오비디우스Ovidius는 『폰토스에서 보낸 편지들Epistulae ex Ponto』 서간시에는 유배 생활의 고통, 로마에 대한 그리움, 황제에게 사면을 구하는 탄원, 그리고 자신의 문학적 업적에 대한 자부심 등이 담겨 있습니다. 그는 왜 추방되었는 지에 대해 '시와 실수Carmen et error'라고 모호하게 언급하며 끝내 구체적인 이유를 밝히지 않았습니다.

그의 작품 전반에 걸쳐 자신의 억울함, 자신이 여전히 로마에 기여할 수 있다는 주장, 아우구스투스 황제에게 용서를 구하는 내용 등이 포함되어 있으며, 고향, 가족, 친구들에 대한 그리움과 외로움, 문화적으로 낙후된 유배지에 대한 혐오, 그리고 자신이 잊히지 않기를 바라는 절박함이 짙게 드러납니다. 아래 구절은 오비디우스가 유배지에서 지속적으로 자신의 상황을 개선하려는 간절한 바람, 희망을 잃지 않으려는 인내심, 그리고 자신의 글쓰기를 통한 영향력의 지속성을 강조하면서 말합니다.

물방울은 그 힘이 아니라, 끊임없이 떨어짐으로써 돌을 뚫는다.
Gutta cavat lapidem non vi sed saepe cadendo.*

성장은 단숨에 이루어지지 않습니다. 중요한 건 멈추지 않고 나아가는 꾸준함입니다. 속도가 느리더라도 방향이 분명하다면, 그 걸음은 결국 자신이 원하는 곳으로 이끌게 될 것입니다. 어떤 학원을 다니고 무슨 문제집을 풀어야 되는지 고민하지만 본질은 어떠한 유형의 문제

* 오비디우스Ovidius의 『폰토스에서 보낸 편지Epistula ex Ponto』의 4권에 등장하는 어구.

를 어려워하는지, 무엇이 부족하고 필요한 것을 파악하는 것이 먼저입니다.

그보다 긴 우리의 인생에서 스스로 살아가는데 필요한 힘을 기를 수 있는 것은 독서, 글쓰기, 토론입니다. 책을 읽고, 생각을 나누고, 글로 자신의 생각을 정리해 보는 과정 속에서 조금씩 진짜 나를 알아가게 되고 나의 인생을 살아가는 무기를 만들게 됩니다.

요즘 직장인 사이에서 독서 모임이 유행이라고 합니다. 직장 생활도 바쁘고 피곤할 텐데 주말이나 퇴근 후 모여 독서를 통해 인상 깊은 부분을 쓰거나 말하는 것이 그러한 이유입니다. 결국 우리 삶 속에서 실질적으로 필요한 것은 어떠한 글을 읽고 자신 생각을 말하고 글쓰는 사고력이 그만큼 중요하다는 것 증명합니다. 넓은 의미에서 그런 능력을 키우기 위해 많은 교과과목으로 훈련을 하고 평가는 것입니다.

처음에는 어떤 책을 어떻게 읽고, 어떻게 토론하고, 타인의 생각을 수용하고 생각하던 것을 너머 다른 방식의 생각을 글로 써낸다는 것이 어색하고 어려울 수 있습니다. 나에게 맞는 정확한 규칙이나 방법을 따라할 수 있겠지만, 나만의 맞춤식은 오히려 편협한 시야를 갖게 할 수도 있습니다. 그렇기 때문에 완벽한 시작과 과정을 상상하며 고민할 필요는 없습니다. 내가 관심있는 분야 관련된 책, 눈에 들어오는 구성의 책을 집어 읽어보고, 내 생각과 맞춰보는 것이 먼저입니다. 그러다 보면, '나도 할 수 있겠구나" 그 작은 성취감을 갖게 되고 꾸준하게 하는 것, 그것이 진정한 꿈을 찾는 공부로 가는 길입니다.

　꿈을 찾는 길에 앞서 스스로 자신이 누구인지 알아가는 시간이 필요합니다.

　스위스 출신의 독일 작가인 막스 프리쉬Max Frisch는 글을 쓰지 않는 사람은 자신이 어떤 사람인지 알지 못한다고 말합니다. 20세기 유럽 문학에서 '정체성'과 '자기 기만'을 집요하게 파고든 인물로 평가하는데, 글쓰기는 '자기 정체성의 실험'이라고도 말합니다.

나는 내가 쓴 것의 합이다.

Ich bin die Summe dessen, was ich geschrieben habe.

　인간은 경험을 그대로 보존하지 못하며, 완벽하다고 생각하는 기억조차 계속해서 변형, 합리화되고, 잃어버립니다. 그러나 글로 남긴 순간의 언어는 그때의 사고방식, 감정, 판단 기준을 비교적 정확하게 남게 됩니다. 특히, '일기 쓰기'는 행위는 자신의 생각을 정리하고 의사 결정력을 향상하게 합니다. 무엇보다 '자기 인식'의 계기가 됩니다. 글쓰기를 어렵거나 무겁게 생각하지 마세요. 일상에서 쓰는 일기, 휴대폰의 남기는 메모, 끄적이는 게시글, 친구들과 짧은 남기는 메시지까지, 여러분이 남긴 모든 문장은 스스로를 어떻게 정의하는 흔적입니다. 그것은 스스로에게 들려준 이야기들의 결과물이라는 뜻이기도 합니다.

　글을 쓴다는 건 단순한 표현이 아니라 사고를 구조화하는 행위입니다. 어떤 단어를 선택했는지, 무엇을 강조했는지, 무엇을 생략했는지가 곧 당신의 세계관입니다. 반복해서 등장하는 주제, 어조, 논리 방식은 당신의 내면 패턴을 형성하고 강화합니다. 그래서 '무엇을 쓰느냐'가 결국 '어떤 사람이 되느냐'로 이어집니다. 냉소적인 문장을 많이 쓰면 냉소적인 사람이 되고, 질문하는 문장을 많이 쓰면 사유하는 사람이 됩니다. 기록을 쌓는 사람은 자기 삶을 편집할 수 있고, 기록하지 않는 사람은 삶을 휘발성으로 소비하게 됩니다.

그런 의미해서 작가 프리쉬는 글쓰기는 이미 존재하는 '나'를 표현하는 일이 아니고, 글을 쓰는 과정 자체가 나를 만들어 가는 실천적 행위라고 설명합니다. 나아가 자기 기만을 폭로하는 도구로 자신을 숨기고 속이게 된다고 말합니다. 그래서 글쓰기는 위로나 치유가 아니라, 그 거짓 서사를 깨부수는 잔인한 작업이라고 말합니다. 글쓰기는 나를 속이는 거짓말을 깨는 도구이며 답을 주지 않고 질문을 던지는 행위이라고 보는 것입니다.

저는 글쓰기가 단단한 사고를 가진 사람으로 정체성을 찾는 고민의 기회가 될 것이라 믿습니다. 지금 꿈이 무엇인지 하고 싶은 것을 모르겠다면 솔직하게 자기 생각을 글로 써보세요.

그리고 여러분, 지금 꿈이 없어도 괜찮고, 가끔은 부모님에게 말하기 껄끄러워도 한번 말해보세요. 자신만의 생각을 정립하고 그 방향에서 나만의 색깔이 만들어진다고 믿으며, 바뀌어 가는 어제와 오늘의 자신을 비교하세요. 차곡차곡 나만의 '경험 도서관'을 만들어가는 시간 속에 꿈에 가까워집니다.

지금 여러분이 무엇을 좋아하는지, 어떤 순간에 웃음이 나는지를 놓치지 말고 바라보고 기록도 꼭 하세요. 그 안에 분명 과거의 자신이 생각했던 꿈의 씨앗이 숨어 있을 거예요.

견디고 굳세어라. 이 고통이 언젠가는 네게 도움이 될 것이다.
Perfer et obdura; dolor hic tibi proderit olim.*

---

* 오비디우스Ovidius의 『사랑의 노래Amores』 3권 11편에 등장 어구.

꿈은 상상의 대상이 아니라
기록하고 목표를 구체화하고
실행으로 옮겨야 할 과제다.

천천히 꿈을 찾아가는 3가지 태도

태도 1

꿈은 결과가 아니라 여정이라 믿기
지금 당장 뚜렷한 목표가 없어도 괜찮다고 받아들이기

태도 2

내가 궁금한 것부터 시작해 보기
관심 가는 것부터 시도해 보며 나를 알아가기

태도 3

결과보다 과정을 소중히 여기기
성과보다 과정 속의 경험과 성장을 더 중요하게 생각하기

☐ 꿈이 있다면 현실에서 관련된 경험, 활동 알아보기

☐ 지난 한 달간 몰입했던 활동이 무엇이었는지 떠올려보기

☐ 오늘 하루 나만의 속도에 맞춰 공부 또는 활동 루틴 만들어보기

그대에게 보내는
산초 티처의 편지들
우리는 학교가 아니라
인생을 위해 배운다
5

제가 재직중인 외대부고는 전국에서 소위 말하는 명문대를 가장 많이 보내는 학교입니다. 특히 학교 홍보와 신입생의 선발까지 책임지는 저는 수많은 학생들을 만나왔습니다. 저희 학교의 입학을 준비하는 많은 학생들은 자기소개서에서 자신의 능력과 가능성을 바탕으로 미래를 향한 희망을 그립니다. 면접에서도 마치 완벽한 준비가 된 듯한 인재처럼 보이는 친구들도 많습니다. 하지만 막상 입학 후, 처음 품었던 꿈은 희미해지고 다시 원점으로 돌아가 방황하는 모습을 보이는 경우가 적지 않습니다. 정신없는 시간을 보내고 대학 진학을 앞둔 고3이나는 무엇을 잘할 수 있을까라는 극한의 고민을 하는 경우도 있습니다. 그렇다면, 자신이 하고 싶은 일을 향해 가는 능동적이고 자기주도적 학생들만 모인 학교라 입학 후에 실망과 좌절 따위는 없을까요?

그래도 자기 활동이나 꿈을 실현하려고 신나게 즐기는 학생들이 많긴 하나 저희 학교도 예외는 아니겠죠. 게다가, 한국적 정서상 대학 전공을 선택할 때조차 자신의 꿈보다는 대학교의 명성이나 직업 안정성을 더 고려하는 경우를 너무 많이 보게 됩니다.

만약 전혀 원하지 않는 길을 안정적 직업이나 명성을 좇아 억지로 선택하게 된다면, 그 미래는 어떤 모습이 될까요?

로마 철학자 세네카Seneca는 『루킬리우스에게 보내는 도덕적 편지들Epistulae Morales ad Lucilium』 107번째 편지, 루킬리우스Lucilius를 향해 보낸 편지에서 인간이 '운명fata'을 피할 수 없음을 강조하면서,

운명은 기꺼이 따르는 자를 이끌고, 거부하는 자를 끌고 간다.
Ducunt volentem fata, nolentem trahunt.

이 문구는 스토아 철학자 클레안테스Κλεάνθης의 『제우스 찬가Hymn to Zeus』에서 유래했다고 전해집니다. 운명은 순응하며 받아들일 때 더 수월하게 흐르지만, 거부하고 억지로 저항하면 더욱 힘든 길이 된다는 철학적 의미를 담고 있습니다.

그렇다면, 본인이 정말 원하는 미래를 향해 나아가는 것과 남들이 만들어 놓은 틀에 맞춰지는 삶은 얼마나 큰 차이를 만들어낼까요?

현 세대의 학생들은 이전세대와 차별화를 즐기지만, 정작 행동과 말투, 소비하는 물건 등 보이는 모습까지도 철저하게 자신을 위한 선택이 아니라 타인의 시선을 기준으로 결정하는 경우가 많습니다. 그러

〈사도 바울의 설교〉, 조반니 파올로 파니니, 1744년, 상트페테르부르크 에르미타주 박물관

나 이는 그들만의 문제가 아닙니다. 기성세대 역시 '명품룩', '하차감' 등 사회적 현상에서 동일한 모습을 보입니다. 그럼에도 불구하고, 많은 어른들은 스스로를 더 독립적이고 주체적이었다고 생각합니다. 그리고 아이들을 대상으로 "노력을 더 하라고!" 다그치며 질책하지만 이전의 부모님 세대도 지금의 기성세대에게 같은 생각을 했을 것입니다. 결국, 요즘 애들은 안 된다는 말은 시대가 바뀌어도 사라지지 않는 것 같습니다.

자신이 아이였을 때의 시대를 칭송하는 자.

Laudator temporis acti se puero.[*]

로마 시인 호라티우스Quintus Horatius Flaccus는 『시학Ars Poetica』에서 이 문구를 남겼습니다. 호라티우스는 사람들이 옛 문학작품만을 칭송하고, 새로운 시 작품들을 저급하다며 비난하는 모습을 봅니다. 그들에게 과거에 대한 집착과 젊은 세대의 문학적 시도를 깎아내리는 태도를 꼬집어 말합니다.

---

[*] 호라티우스Horatius의 『시학Ars Poetica』의 173행

그리고 젊은 세대를 꾸짖는 자

castigatorque minorum*

또 다른 표현에서도 과거를 이상적으로 보고 현재 세대를 폄하하는 태도를 풍자합니다. 그 때 그 시절이 더 좋았다는 말은 어느 세대에서나 반복되는 것일 뿐, 지금의 세대도 나름의 방식으로 자신의 길을 찾아가고 있습니다.

그렇다면, 여러분에게 안정적인 길을 강요한다면, 정말 행복하게 수용할까요?

원치 않는 길을 선택한 친구들이라면, 시간이 지나 정체성의 혼란을 겪고 방황하는 시기를 피할 수 없을 것입니다. 사람은 계속해서 변화합니다. 지금 선택한 길이 평생 유지된다는 보장은 없습니다. 세상의 영원한 것은 없습니다. 실제로 대부분 처음 선택한 전공과 전혀 다른 길을 걷는 사람들이 많습니다. 저와 함께 대학에서 스페인어를 전공했던 동문들 중에는 초등학교 선생님, 항공사 파일럿, 컴퓨터 프로그래머, 동물병원 의사, 영화배우, 감독 등 다양한 길을 걷는 이들이 있습니다. 이들은 모두 대학 입학 시절에 그 직업을 꿈꾸지 않았을 겁니다. 옆에 계신 부모님께도 한번 여쭤보세요. 지금 하시는 일을 대학부터 꿈꾸던 일이였는지, 성적에 따라 학과를 결정했는지 말이죠!

부모님이 생각하고 원하는 이상적인 미래를 무조건 수용하기보다

----

* 호라티우스Horatius의 『시학Ars Poetica』의 174행

〈호라티우스, 베르길리우스, 그리고 바리우스가 마이케나스의 집에서〉, 샤를 프랑수아 잘라베르, 1860년, 프랑스 님 미술관

는 자신이 처음 생각했던 수많은 꿈들을 자유롭게 꾸는 것이 중요합니다. 다양한 가능성을 탐색하며 자신에게 어울리는 옷을 입어보고 합시다. 우리 어른이 해야 할 일은 그들이 지쳐 멈추지 않도록 응원하고 지지하는 것입니다. 그리고 여러분은 스스로 투쟁하고 쟁취하길 바랍니다.

1

부모님께 드리는 글

모든 훌륭한 것은 드물고 또한 어렵다.
Omnia praeclara tam difficilia quam rara sunt.*

부모는 자녀를 어떻게 키워야 할지 늘 고민이 많습니다. 저 역시 예외는 아닙니다. 대부분의 부모님들은 자녀에 대한 욕심으로 영어 유치원, 영재학급, 대학 부설 교육원 등 좋은 교육을 위해 발로 뛰고, 학원 스케줄을 맞추며, 아이 손을 놓지 않기 위해 최선을 다하고 계십니다. 그러나 그 과정에서 자녀들이 스스로 선택하고 행동할 기회를 가졌을지 의문입니다.

---

* 스피노Baruch Spinoza의 『기하학적 질서에 따라 증명된 윤리학Ethica, ordine geometrico demonstrata』 글의 내용 중 윤리학 파트 5장의 마지막 문장.

“숙제는 다 했니?” “다른 애들은 몇 점 맞았니?”

혹시라도 자녀의 현재가 모든 것을 망쳐버릴 것처럼 반응하지는 않으셨는지요? 그 실수가 자책으로 이어지고, 불안감과 자신감 부족으로 연결된다면, 정말 아이가 온전히 자기 실력을 펼칠 수 있을지 의문입니다.

해외 여행가서 언어를 몰라도 말이 통하는 것처럼 시험 문제도 유연한 문제 해결 능력의 즐거움이 있어야 합니다. 그래야 공부가 흥미로워지고, 살아 있는 배움이 됩니다. 부모님의 노력을 저평가 하려는 것이 아닙니다. 오히려 초등학교 저학년까지 기본기를 다져주기 위해 애쓰신 그 시간은 정말 소중한 투자입니다. 다만 이제 고등학교를 진학하려는 또는 고등학교를 다니고 있는 아이들이 스스로 생각하고 계획하고 선택할 시기가 되었다면, 그 기회를 허락해 주셨으면 합니다.

요즘 친구들 중 상당수가 자기 생각은 멀리 미뤄두고, 부모나 선생님이 짜준 시간표 안에서만 움직이고 있습니다. 공부 잘하는 아이는 될 수 있을지 몰라도, 스스로 선택하고 움직이는 아이는 되지 못한 채 말입니다. 때로는 거리를 두고 독립적인 존재로 훈련이 필요합니다.

꼭 해외캠프나 비싼 프로그램이 아니어도 괜찮습니다. 지자체, 대학교, 공공기관 등에서 운영하는 위원회 활동, 통학형 또는 숙박형 캠프, 자율적인 프로젝트 대회 등을 통해 아이에게 집을 잠시 떠나 스스로 해볼 수 있는 시간을 선물해 주십시오.

이미 등록된 학원 스케줄 다 짜놓고, 수업료 등록했더라도 진심으로 자녀의 자율성과 동기를 통해 자신의 진정한 실력을 실현하길 원하시나요. 빡빡한 시간에 맞춘 주입식 일정 입력보다도 자신에게 몰입할 시간이 더 필요하고, 그것이 더 멀리 더 오래갈 수 있는 방법입니다. 응용력과 수행능력은 반복하며, 암기한 단순 문제풀이에서 나오는 것이 아닙니다. 그 힘은 스스로 겪고, 부딪히고, 문제해결 의지를 가지고 풀어내려는 과정 속에서 생겨납니다. 그렇게 스스로 살아본 경험으로 훗날 어떤 시험과 경쟁에서도 흔들리지 않는 마음의 근력으로 자라나게 될 것입니다.

"공부하기 싫다! 학교 가기 무섭다!"

아이의 이런 말이 단순한 투정에서 정신적 어려움의 신호가 되기 전에, 잠시 집에서 떠나는 용기를 주시고 자녀 스스로가 찾아가도록 조금 시간을 주시면 어떨까요?

집 떠난 처음 며칠은 대부분의 아이들이 낯선 풍경 그리고 호기심으로 가득 찰 것입니다. 그러다가 응원보다는 훈육과 지시를 통해 자녀를 평가하고, 방향을 잡아주려는 느낌을 감지한 아이들은 갑자기 시무룩해져서 말을 잇지 못하는 경우가 많습니다.

부모님께 간곡히 부탁드립니다. 이제 아이의 생각과 아이의 판단을 느낄 수 있는 시간을 주세요. 자녀의 말에 충분히 공감해 주셔야 하는데, 스케줄을 줄줄이 강요하시는 부모님이 너무 많으신듯 합니다. 하긴, 요즘은 TV 종편 방송에서는 대 놓고 대학을 잘 보냈던 엄마들이 나와서 학원 스케줄을 어떻게 짜서 시켰다는 것, 학교생활을 어떻게 코치했다는 것을 자랑하듯 말하는 세상이니 혹하지 않을 수 없을 듯합니다. 스스로 아이가 커 갈 수 있다는 것을 조금만 믿어 주세요. 부모님의 훈계 대신, 저와 같은 학교에 있는 사람들이 아이와 소통하며 가이드 역할을 충분히 해 나가도록 하겠습니다.

많이 아시는 노자의 말*과 유사한 근대 라틴어Neo-Latin 격언을 소개하면서 글을 마치겠습니다.

> **물고기를 주는 것은 한때 배부르게 하는 것이고,**
> **고기 잡는 법을 가르치는 것은 평생을 배부르게 하는 것이다.**
> Piscem dare, ad horam pascere est; piscandi artem docere,
> ad vitam pascere est.

---

* 유가사상을 표명하는 노자의 중국고사: 수인이어불여수인이어 授人以魚不如授人以漁
  (한 사람에게 물고기를 주기보다는 고기 잡는 법을 가르쳐라)

부모님의 양육은
자녀가 스스로 설 수 있도록 돕는 과정입니다.
양육의 궁극적 목적은
독립을 이루게 하는 데 있습니다.

시험을 싫어하는 그대에게

이것들은 수로 판단되는 것이 아니라 가치로 판단된다.
Non numero haec iudicantur sed pondere.

학교 지필고사 감독을 들어가 여러분의 모습을 보면 많은 생각이 듭니다. OMR카드를 돌리고, 시험지를 학생마다 나눠 준 후, 시험 시작 종이 울리기 전까지의 5분… 같은 5분이라도 아마도 교직생활을 하면서 매번 가장 길게 느껴지는 5분일 것이라 생각됩니다. 정적이 흐름과 동시에 긴장감은 매번 정말 오묘합니다.

시작 종이 울리고, 시험지 겉장을 넘기며 열중하면서 문제를 풀며 펜 끝에 힘이 들어가며 무언가를 적기도 하고, 줄을 긋기도 하는 모습이 자신감이 넘쳐 보입니다. 50분이라는 시험 전체 시간동안, 열심히 풀어가던 학생에게도, 종료 전 5분 종이 치고 OMR 카드에 답을 옮겨 쓰면서 못다한 문제를 허둥지둥 푸는 모습을 보면, 시험 시작할 때 보였던 당당함은 어느새 쫓기는 불안감으로 느껴집니다. 3~4개 이상의 문제를 풀지 못한 학생들은 결국 종료 종이 울리기 직전, 나름 행운의 번호로 한 줄로 찍게 됩니다. 그런 아이 얼굴에 보이는 것은 아쉬움인지 자책인지 모를 모습이지만, 답안을 제출하고 나서 많은 말을 쏟아냅니다.

A: "문제가 너무 어려웠어"

B: "문제가 너무 이상했어"

C: "시간만 좀 더 있었으면 다 풀 수 있었는데… 너무 헷갈리게 냈어, 진짜 너무해"

A: "망했다. 이생망(이번생은 망했어)너도 어려웠지? 나만 그런 거 아니지?"

망했다는 것은 위로 받고 싶다는 말일테 이고, 어렵다는 말은 열심히 했는데, 생각보다 어려워 결과가 두렵다라는 뜻일 겁니다. 그런데, 이 중에서 제가 가장 안타깝게 생각되는 것은,

"시간만 좀 더 있었으면 다 풀 수 있었는데…"

저 또한 학교를 다니면서 자주 느꼈던 감정인데 대학 시험에서는 이런 것을 제대로 제 타입에 맞게 해소시켜주는 교수님들이 많으셨던

기억을 떠 올리게 됩니다.

과거 교양수업 또는 전공수업에서 시험을 보는데 시험시간을 너무도 충분히 제시해주거나, 간혹 시험 시간 무제한 시험이 있었습니다. 그렇다고 무제한으로 시간을 주면서 시험을 볼 분량은 아니였기 때문에 대부분 길어도 3시간 이내에는 시험이 종료되었던 기억합니다. 그래도 15분만에 답안을 작성해서 제출하는 사람부터 3시간을 꽉 채워 제출하는 사람까지 그 시험에 임하는 사람은 천차만별이었습니다.

일부에서 획일적 방법을 벗어나 새로운 형식을 도입하는 교육 체계나 시험 방식은 지금도 대안학교나 IB교육에서 이미 이뤄지고 있습니다. 개개인 학생의 다양성을 인정하고, 사고의 깊이를 측정하는 것에 집중하는 교육으로 시도하는 것입니다. 하지만 일반학교에서 이를 차용하여 운영하기에는 행정적 실행의 어려움과 사회적 신뢰성과 공정성이라는 측면에 문제가 있을 수 있어서 대부분은 이뤄지기 어렵습니다. 그러나 앞으로는 정해진 진도에 따라 학습하고 평가하는 것보다 정확성과 깊이를 중심으로 평가체제를 만들어 과정 중심의 사고력을 강화하는 것이 좋을 것임은 분명합니다.

속도가 아니라, 진실이 중요하다.
Non celeritas, sed veritas magni momenti est.*

---

* 속도보다는 정확성과 신중함이 더 중요하다는 '서두르되 천천히 하라Festina lente'는 의미를 담고 있는 어구로 출처 미상.

청소년들의 사고 속도, 이해 깊이는 각자가 다르다고 알고 있으면서도 우리 어른들은 이를 존중하려는 노력을 정말 말로만 하고 있는 것이 아닐까 생각해 봅니다. 당장은 내 스타일과 안 맞고, 뭔가 세분화된 맞춤형이 없다는 것에 가끔 화도 나고 푸념도 하겠지만, 여러분이 그 압박을 극복하는 모습 속에 분명 발전이 있을 것이라 생각됩니다. 가끔은 억울하겠지만 내 위주에 상황보다는 현실과 운명에 맞춰가야 하는 상황이 훨씬 더 많을 것입니다. 저 또한 여러분과 같은 생각을 해왔고, 이것을 실현시키지는 못한 어른 중 한 명입니다. 시험이라는 것은 사회의 결과물이며, 변별력은 차이를 주기 위한 장치이지만 이렇게 생각해보면 어떨까 합니다.

시험을 스스로 얼마나 잘 이해했고, 성취로 바라보면 어떨까 합니다. 여러분이 시험 준비를 하면서 많은 문제집을 풀어보면서 성취감과 스스로 대견함으로 시험 압박에서 오는 불안감을 줄이고, 보다 자신 있게 실력 발휘를 할 수 있는 환경도 마련되기를 기원해 봅니다.

시험은 '결과'가 아니라
'이해와 성장'을 평가하는 기회입니다.

3

학교를 떠나려 생각한다면...

피할 수 없는 시간
Ineluctabile tempus

어느 날 한 학생이 제게 와서 이렇게 말합니다.

"선생님, 학교는 저에게 도움이 하나도 되는 것 같지 않아요. 차라리 자퇴하고, 검정고시 본 후에 수능 보고 대학가는 것이 훨씬 좋을 것 같아요."

'기껏 뽑아놨더니…'

차분히 다시 이유를 물어보니,

"학교가 재미가 없어요. 애들도 다 이상하고요. 그리고 학교에 있는 시간도 아까워요."

예전에는 자퇴생은 소위 문제아로 취급받는 친구들의 선택지였지만, 요즘 왜 이런 일이 흔하게 생길까요?

학교 등급은 7등급*이고, 학교에 있으면 도저히 수업도 눈에 들어오지 않고, 차라리 학교가 아닌 학원에 있으면 수업도 더 잘 따라갈 수 있다고 말합니다. 뭐든 내가 아닌 다른 사람 탓을 하기 시작하는 것은 이런 현상은 학생들의 종특**일 수 있습니다. 그렇다고 학교를 다니지 않겠다는 학생만 탓할 수 있을지 생각해 볼 지점입니다. 2024년 한 해에 고등학교 자퇴생 수가 2만 명이 넘는다고 합니다.*** 그 추세는 계속 증가하고 있습니다.

우선 학교 학습역량에 대한 부분에 대해 능력이 되지 않는다는 말에는 반문을 하고 싶습니다. 학원도 종류에 따라서는 학생을 관리한다고 하지만, 학교의 특성상 수업만 책임지는 시스템은 절대 아닙니다. 학생의 진로, 친구관계, 생기부에 적정하게 들어갈 학교생활에 대한 기록, 수업뿐만 아니라 수많은 동아리, 학생회, 대회 및 특별활동이 하나하나를 열거하지 못할 정도로 많고, 그 부분을 선생님들이 정말로 거미줄처럼 얽혀서 담당하고 있습니다. 경우에 따라 학원에서도 학교

---

* 2025년 입학생부터는 5등급제로 전환되어, 4등급에 해당.

** 인터넷 게임이나 소설 등에서 사용하는 종족특성(種族 特性)이라는 의미를 가진 말의 줄임말. 약간은 부정적인 이미지를 가지고 사용하는 말임.

*** 2024년 전국고등학교 자퇴생 숫자는 26,753명(매일신문. 2025.09.30. 기사참조)

처럼 인성적인 부분이나 진로를 걱정하면서 지도해주는 경우도 있겠지만, 대부분은 자신의 수업과 점수 올리기에만 신경을 쓰는 것이 현실임은 부인하지 못할 것입니다. 그렇다면, "학교 선생님도 그렇게 하면 되지 않나요?"라고 반문한다면 그 현실은 그리 녹녹하지 않습니다.

그냥 제 경우의 이야기 하면 조금은 이해하지 않을까 합니다. 정규수업에서 스페인어, 비정규수업에서는 라틴어와 언어학 개론수업을 합니다. 물론 딱 봤을 때는 이것이 전부인 것처럼 보이겠지만, 보이지 않는 CA에서 그리스 로마 신화분석관련 담당교사를 맡고 있으며, 창의연구논문을 위해서는 언어 또는 교육학 관련 논문을 3개를 지도하고 있습니다. 학교 동아리는 유네스코, 모의유엔, S캠프봉사, 다문화지원 및 교육봉사, 라틴어동아리, 경영 토론 동아리… 이쯤이면, 하는 일이 많다고 생각하시는지 모르겠지만, 외부에서는 저를 입학홍보부장으로 아실 것입니다. 국내의 수차례 진행하는 설명회, 학교행사 주관, 학교에서 운영하는 방학 중 영어캠프와 사회공헌캠프까지 그리고 수많은 위원회에 소속되어 회의에 참가한다는 것까지 얘기하면… 여기서 끝이 아닙니다. 저녁시간은 학생들 진학상담과 에세이 첨삭도 해야 하니, 몸이 10개라도 항상 부족합니다.

누군가는 저에게만 해당하는 이야기일 것이라고 생각하지만, 학생들의 필요를 자처하는 교사라면, 이 정도는 학교에서 역할을 한다고 보셔야 할 것입니다. 연말에 생기부 기록부터 수많은 결재 보고서까지 처리해야 하는 학교선생님과 철저히 강의 활동하는 사교육과 똑같은 승부를 보기는 많은 어려움이 있습니다.

　원래 이야기로 돌아가서 학생이 갑자기 자퇴를 하려는 마음이 생긴다면, 간혹 주변 이야기, 수많은 인터넷 정보 등으로 그렇게 해야 되는지… 저 산초 선생 의견은 무조건 그런 마음은 접어야 한다는 것입니다.

　본인이 원하는 대학 입학 이후에도 그 구성원으로서 인정을 받을 때, 자신에게도 무엇인가 할 수 있다는 능력이라는 것을 확인하게 됩니다. 그런데 자퇴하려는 생각의 원인은 자신에게 있는 것이 아니라, 자신 밖에서 있다고 착각하고 있을 확률이 높습니다. 역시 과거에도 학교를 그만두고 수능을 봐서 대학을 가겠다고 하는 학생들이 있었습니다. 그런데 학교라는 곳이 공부만 하는 곳이 아니라, 나와 생각을 함께하고 그 나이에 맞는 문화를 공유하는 친구가 있는 곳입니다. 그 곳에서 기쁨과 슬픔을 함께하면서 어려움을 극복하고 공감하기 위해 가장 좋은 곳인데, 그것을 포기한다는 것은 정말 너무 안타까운 일입니다.

　어쩌면, 돈 받은 것만큼 여러분을 힘들게 해주는 군대 같은 기숙 학원이 여러분을 기다려준다고 생각하겠지만, 인생을 책임져주는 곳이 아닙니다. 아마도 학교를 그만두고 나가는 두세 달이면, 여러분은 다른 고행인 외로움과 직면하면서 깊은 슬럼프에 빠지게 될 것입니다. 이 부분에서 친구가 필요없어도 된다는 생각으로 해소될 것 같지만, 지금 잠시 친구 없는 것이 문제가 아니라 평생 친구 없이 지내려는 각

오처럼 들려서 너무 무섭기까지 합니다. 사람은 혼자서 행복하다고 하는 사람보다는 내가 무엇인가 해줄 수 있는 사람, 나를 인정해주는 사람이 있을 때, 더욱 그 존재가 빛나는 것입니다.

내가 겪어보지는 않았지만, 대리만족 하면서 유튜브에서 극소수의 이야기를 듣고 나도 할 수 있다고 정신승리를 하는지 모르겠습니다. 극소수의 성공담만이 인터넷이나 신문기사에서 주목받는다는 것을 잊지 마세요!

수능으로 대학가면 모든 것이 다 해결되고, 인생이 성공으로 평가받는다는 것은 완전히 위험한 생각입니다. 대학으로만 평가받는 세상이라면 오히려 참 단순하고 살기 편한 곳일지 모릅니다.

자기 자신에게서 도망치는 자는 어디에서도 벗어날 수 없다.
Fugere non potest, qui se ipsum fugit.*

삶은 100미터 달리기만 하고 끝나는 것이 아니라, 100미터를 천 번도 아니 만 번도 더 달려 나와의 싸움에서 이기면서, 다른 사람과 직접 소통하고 참여하는 가운데서 살아 간다는 것을 꼭 잊지 마세요. 지금의 어려움은 인생의 마라톤에서는 10킬로 남짓 한 곳에 있는 것이라는 것을…

---

* 세네카Seneca, 『루킬리우스에게 보내는 도덕적 편지Epistulae Morales ad Lucilium』에 등장하는 어구.

4

내일 말고, 지금

만들면서 대장장이가 된다.

Fabricando fit faber.*

　누구나 현재의 내가 과거의 나와 대화할 수 있다면 계속 독려하는 잔소리하고 싶을 겁니다. 그런 마음으로 새해를 맞이하는 현실 속에서 우리의 흔한 변명의 다이어리를 소개해 봅니다.

* 중세시대 격언으로 키케로Cicero나 퀸틸리아누스Quintilianus 등이 인용해서 사용한 기록이 있음. 중세 이후 문헌에서 반복적으로 사용되었으며, 정확한 출처는 알 수 없음.

☐ 1월 1일

미래의 나: 나 올해 진짜 달라질거다. 미라클 모닝, 공부 루틴, 디지털 디톡스까지 다 할 계획표 짰다.

현재의 나: 야~ 일어나, 그리고 시계 봐라. 너 어제 새해되기 전날 밤부터 새해까지 계획짜고 잠들었다가, 새해 첫날인데 벌써 점심 다 됐다.

미래의 나: 오늘은 첫날이고, 이제 잘하면 되지. 쉬는 것도 더 멀리가기 위한 계획이라고!

현재의 나: 계획도 실행도 '내일부터'? 제발 잘못했다면 지금 시작해라, 핑계 되면서 더 뒤로 계획 밀지 말고.

☐ 1월 15일

미래의 나: 나... 진짜 이번 방학에는 책을 많이 읽는 것이 목표인데, 잘 안되네.

현재의 나: 야~ 시작이나 하면서 그 소리하자! 무슨 책 읽을지는 정하긴 했냐?

미래의 나: 난 좀 아는 게 많이 없으니, 이 책 저 책 가리지 않고, 교양을 쌓기 위해 책을 많이 읽는 것이 목표였으니. 내일이라도 도서관 가서 책 빌려야겠다.

현재의 나: 아... 참내. 네 마음은 이해하겠는데, 그래도 좀 계획을 가지고 어떤 분야, 평소 관심과 관련이 있는 것이 나에게 더 좋지 않을까? 그리고 내일이라고 하지 말고, 지금 당장 네 책장에 있는 책을 바로 한장이라도 읽기 시작하는 게 더 멋져 보일 듯.

초등학교 때부터 방학계획표를 만들면, 동그라미를 그리고, 매시간마다 촘촘하게 기상, 책읽기, 숙제하기, 밥먹기, TV보기 등 계획을 아주 멋지게 쭉 짜서 넣었던 것이 기억나죠? 그런데, 만화 〈안녕 자두야〉에서 자두가 계획표를 짠 것을 보고 빵 터지지 않을 수 없었습니다.

그림을 보면 어떤 생각이 드나요? 우리의 가장 현실적인 계획표가 아닐까요?

그러나 우리 현실에서는 완전히 다른 상황이 펼쳐질 겁니다. 멋져 보이는 내 행동의 모습을 상상하며 가식으로 가지 않았으면 좋겠습니다. 때로는 복잡하게 생각하지 말고 담백하게 연습으로 생각하고 정해진 할 일들을 하나씩 형식에 맞춰서 해보는 것이 어떨까요? 그것이 수동적 행동으로 자존감이 사라진다고 생각하지 말고, 그저 훈련이고 연습한다고 생각을 하라는 것이죠. 이 책의 서두에서 제시한 라틴어 '우리는 학교를 위해 배우는 것이 아니라, 삶을 위해 배운다Non scholae sed vitae discimus.'이 말은 어쩌면, 말 그대로 학교를 결국 자신의 인생을 위해 무엇인가를 해보라는 겁니다.

언젠가 학교 1학년 수업을 들어갔을 때, 눈에 들어온 급훈이 있었습니다.

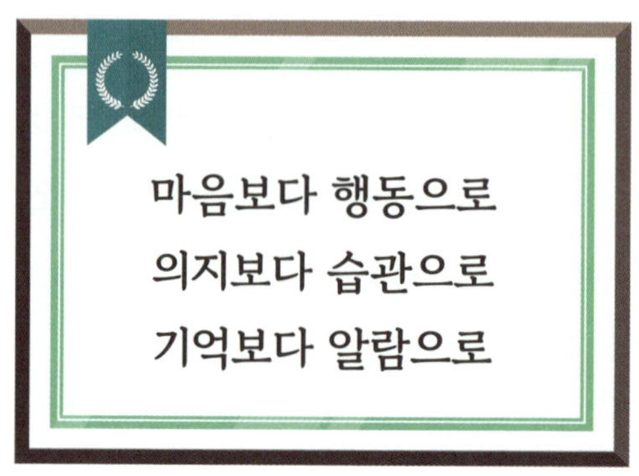

　위의 급훈을 보면서 의지와 투지를 강요하는 것인지 행여 그러지 못한 저의 과거를 생각했습니다. 현재의 나와 미래의 나의 가상대화에서 마치 지금의 내가 미래의 나에게 닦달하는 것처럼 보이겠지만, 실제로는 저의 '과거 어린 산초'에게 하는 푸념입니다.

　저도 수많은 시행착오 속에서 이제야 자리를 잡아왔으니 당연히 저런 경험이 없을리가요… 마지막 가상대화로 방황하는 학생들에게 산초 선생이 한 마디 해주는 것으로 마무리 해볼까 합니다.

학생:　나… 사실 뭘 해야 할지 잘 모르겠어요. 그냥 계속 눈앞에 있는 것만 넘기게 되는데.

산초 티처:　괜찮아. 다 그런 시기가 있어. 근데 기억해. 너 지금 이 순간, 너무 많은 걸 미루고 걱정만 하면, 더 많은 것을 잃을 수 있다는 것을…

학생:　막막해요. 이제 뭐부터 해야 하죠?

산초 티처: 아주 작게, 하나만 정하고, 지금 시작해. 가끔은 아무 생각 없이 기계적으로 움직이는 것도 절대 잘못된 것이 아니야. 그 가운데 실천하면서 무엇인가 얻어지는 것이 분명히 있단다.

5

외대부고를 준비하는 학생에게

경험이 가르친다.

Experientia docet.

10년 넘게 자사고에서 입학 전형을 운영하면서, 저는 늘 어떤 학생이 진짜 인재일까라는 질문을 품고 살아왔습니다. 제 판단으로 우수한 인재란 단순히 높은 점수나 화려한 수상 경력이 결코 아닌, 실제 경험을 통해 배운 것을 자신의 언어로 말하고, 다양한 상황 속에서도 자신을 설득력 있게 드러낼 수 있는 학생입니다.

특히 외대부고는 어떤 인재를 선발하는지 질문을 자주 받습니다. 그 질문에 온전한 정답은 없지만, 모범 답안은 있습니다. 결국 사람이 모인 체계가 있는 모임이나 조직과 같은 학교나 기업은 고유의 철학과 방향이 있으며, 그에 맞는 인재를 선발하고자 합니다. 중요한 것은 그 기준을 정확히 파악하고, 스스로 그에 부합하는 역량과 태도를 갖추려는 자세인데, 다시 한번 바로 아래 문장으로 가치관을 공유할 수 있지 않을까 싶습니다.

비슷한 사람은 비슷한 사람과 모인다.
Similes cum similibus congregantur.*

학교가 추구하는 이념이나 운영 방침은 교육과정, 평가 기준, 수업 방식에 자연스럽게 적응해 이해하고, 학교시스템에 어울리는 인재인지를 확인한 학생이 학교의 교육과 환경에 도움을 받아 성장할 수 있는 것이라 봅니다. 여기에서 놓치지 말아야 할 것은 표면적으로 보이는 스펙이나 조건보다 내면의 성장 가능성을 알아보고, 학교와 잘 섞일 수 있는 인재인지를 확인하는 것입니다. 그리고, 선발한 학교 입장에서는 학교 프로그램의 도움을 받아 학생이 마음먹은 성장에 기여를 할 수 있는지도 보는 것입니다. 외대부고에서는 15분이라는 짧은 면접을 통해 완전히 드러나지 않지만, 진짜 스스로 했던 경험을 통해 학생이 가졌던 그 가능성을 엿보려 합니다.

면접장에서 하지 않았던 활동을 대본처럼 외워 온 학생과, 실제로 고생하면서 겪은 경험을 자기 언어로 풀어내는 학생이 있습니다.

---

* 그리스 철학자 플라톤의 『국가Republic』 제1권에서 유래한 어구.

비슷한 가치관과 가능성을 엿보기 위한 면접은 경험에 대한 많은 시행착오를 통해 결과로 만들어진 응용 능력입니다. 기억하고 싶지 않아도 기억이 나고, 오히려 말할수록 기억이 살아나 하고 싶은 말이 계속 술술 나오는 것이 일반적입니다. 그래서 저는 항상 면접은 기억력, 암기력이 아닌 응용력, 현장 대응력이 필요한 역량입니다. 산초 선생이 찾는 인재는 지속적으로 발전할 수 있는 인재, 진짜 해본 경험이 있는 사람이 응용하고 무엇인가 할 수 있는 가능성이 높은 것은 당연한 이치입니다.

가치관을 공유하면서 협력하는 모습은 팀원과 소통하고 다른 사람의 이야기를 들을 수 있는지를 활동을 통해 보여줘야 한다는 것입니다. 다시 말하자면, 집단지성을 보일 수 있게 그룹(여러 명이 하는 프로젝트, 동아리)으로 운영되는 활동에서 진정한 리더의 역할을 해봤는가를 보고 싶다는 것입니다. 그런데 자신의 이야기만 주장하면서 팀을 끌고 가는 경험만을 이야기하는 학생을 종종 보게 되는데, 아마도 그 프로젝트나 소모임은 오랜 생명력을 유지하기는 어려울 것입니다.

언어의 기원과 변화에 대한 입장을 전개한 『진화하는 언어The language game』의 '제스처 게임Gesture Game' 이론은 말합니다. 언어의 원시적 상황에서는 두 사람이 어떻게든 의사소통을 위해 참여해서 상대가 이해할 수 있는 제스처 또는 표기를 통해 의사소통을 하게 된다고 말합니다. 마찬가지로 자신이 직접 참여하지 않고, 방관만 하는 입장에서는 관습처럼 알고 있던 것이 아닌 새로운 것을 적응하고 이해하려면 직접 참여하고, 경험을 했어야 한다는 것입니다. 이때 직접 참여하고 경험을 한다는 입장에서 일방적으로 혼자만 말하는 것이 아니라 즉흥적 상호작용improvised interaction 입장을 봅니다. 항시 존재하지 않으며 서로 소통이 되어야 한다는 것을 둘 다 만족을 했느냐는 것입니다.

좋은 인재는 자기주도성이 주는 1인 스타에서 머무르지 않고 '집단 지성'의 가치, 즉 여럿이 함께하면 더 우수해질 수 있다는 것을 압니다. 공동체 안에서 협력과 조율, 설득과 양보를 실천해본 사람은 깊이 있는 배움과 성장을 이끌어 낼 수 있는 것은 누구나 알고 있는 사실이기도 합니다.

화합 속에 작은 일도 자라고, 불화로는 큰 일도 무너진다.

Concordia parvae res crescunt, discordia maximae dilabuntur.*

리더십을 말할 때 꼭 하는 질문이 있습니다.

"반장을 꼭 해봐야 하나요? 동아리 부장을 꼭 했어야 하나요?"

리더십은 어떤 자리나 감투 쓰고 앞에 나서서 마이크 잡고, 소리를 높이는 무슨 단체행동의 바람 몰이꾼이 아닙니다. 프로젝트나 대회를 함께할 때, 조용히 제 역할을 해내는 사람, 꾸준히 책임을 다하는 사

* 살루스투스Sallustius, 『유구르타 전쟁사Bellum lugurthinum』 제10장에 등장하는 어구.

람, 어려운 상황에서 동료를 먼저 챙긴 경험이 있는 사람도 충분히 강한 리더십을 가진 인재라는 것을 항상 말합니다.

학생 선발은 현미경으로 들여다보는 세포 실험 같은 관찰이자, 이야기의 맥락을 종합해 이해하는 어려운 철학에 대한 귀를 기울이는 것에 가깝습니다. 입학 사정관은 수많은 모래 속에서 사금 채취를 하듯 결정적인 한 마디 말과 표정, 학생이 제시한 여러 자료와 연계된 이야기의 맥락 전체를 보며 미래의 가능성을 엿봅니다. 제가 말하는 우수한 인재는 떡하니 금은방에 나를 사서 가세요라고 유혹하는 반짝반짝 가공된 금반지가 아니라, 정말로 수많은 모래에 가려져 있지만 나중에 값진 가치를 갖는 사금일 것입니다.

보이기보다 진짜가 되라.
Esse quam videri.*

그런 학생을 알아보는 것이 입학사정관의 눈이며, 그런 학생이 선택한 학교는 그 학생을 정말로 성장할 수 있게 도와줄 수 있는 학교라고 믿습니다.

---

* 키케로Cicero의 『우정에 대하여De Amicitia』 26장에 등장하는 어구로 '진정한 덕을 갖추기를 원하는 사람은 적고, 오히려 그렇게 보이기를 원하는 사람이 더 많다 Virtute enim ipsa non tam multi praediti esse quam videri volunt.'

6

희망을 붙드는 이에게

생명이 있는 한 희망도 있다.

Dum vita est, spes est.*

'현재가 과거를 도울 수 있는가?' '산 자가 죽은 자를 구할 수 있는가?'

한강 작가는 지난해 노벨상 수상 소감에서 이십 대 시절 일기장을 바꿀 때마다 맨 앞 페이지에 이 질문을 적어 놓았다고 밝혔습니다. 그러나 그녀는 광주에서 희생된 젊은 야학 교사의 일기를 접하고 나서 그 질문을 다시 '과거가 현재를 도울 수 있는가', '죽은 자가 산 자를 구할 수 있는가'로 바꿔야 된다고 깨달았다고 합니다. 작가 고뇌처럼,

~~~~~~~~~~~~~~~~~~~~~~~~~~~~~~

* 고대 로마 속담으로 출처가 명확하지 않음.
~~~~~~~~~~~~~~~~~~~~~~~~~~~~~~

현재가 과거를 도울 수 있다는 발상은 결국 시간을 거슬러야만 가능한 일이기에 현실에서는 불가능함을 우리는 알고 있습니다. 그래서 과거가 현재를 도울 수 있는가라는 말이 그나마 합리적으로 보입니다.

때때로 사람들은 이를 '개과천선'이라 부르며, 과거를 끊고 미래를 지향하는 변화를 이야기합니다. 그래도 과거의 허물이나 수고를 보듬으려나 현재의 노력은 가능할지라도, 과거는 우리의 힘이 닿을 수 없습니다. 그러니 우리는 과거를 거울로 삼아, 미래의 발전을 이루어야 한다는 점을 잊지 말아야 합니다. 그리고 아쉽더라도 현재의 기회나 욕심은 잠시 접고, 앞으로 다가올 미래를 향해 나아가야 합니다. 그것은 오직 자신의 속도와 노력으로 새롭게 만들어가는 것입니다. 결국은 과거에 얽매여 마음 아파하지 말라는 것입니다. 그럼에도 무기력하고 기준 없는 바람에 대해서는 경계를 늦추어서는 안 됩니다.

어린 시절 "넌 뭐가 되고 싶어?"라고 물었을 때, "아이언 맨이요"라는 말에 웃어줄 수 있지만, 청소년 시기에 그동안에 아무런 관심과 실천 없이 그저 멋있어 보여서 말한다면 허황된 이상으로 밖에 볼 수 없습니다. 결국 바로 자신의 과거 경험과 노력에 기반하여 미래를 이야기할 수 있어야 한다는 점입니다.

어떤 학생들은 결과 없는 과정이 의미 없는 것 아닌가 반문하지만 여러분은 아직 성장하는 단계에 있습니다. 미래를 향해 나아가기 위해서 지금의 모든 과정과 동기가 소중한 자양분이 됩니다. 아무런 시도조차하지 않고 아무것도 하지 않으면 정말 아무런 일도 관심 갖지 않게 될 수 있습니다. 혹여 과거에 충분한 준비와 노력이 부족했다 해도 괜찮습니다. 지금부터 성실히 쌓아가며, 미래의 자신에게 밝은 약속을 건네야 합니다. 시간의 순서는 절대 거스를 수 없습니다. 현재가 과거를, 미래가 현재를 바꾼다는 것은 타임머신에서나 가능한 일입니다. 그러니 아직 해보지 않고 "나락(인생 나락)", "이생망(이번 생은 망했다)" 같은 말로 스스로를 포기하지 마십시오.

분명한 것은, 우리 안에는 판도라의 상자의 마지막 희망이 존재한다는 사실입니다. 그 희망은 여러분이 멈추지 않고 앞으로 나아가는 힘이 되어줄 것입니다.

희망은 마지막 남은 신이다.
Spes ultima dea.[*]

---

[*] 로마 시인 퀸투스 세르투스 프로페르티우스Quintus Sextus Propertius의 작품 『엘레기아 Elegiae』 제2권에 등장하는 어구.

너 자신을 배워라.
Disce te ipsum.*

지금 나의 옆에 가족, 친구들이 있어도 혼자라는 생각이 듭니다. 사람은 누구나 외로움을 느낍니다. 그 정도의 차이가 있을 뿐 그 감정이 이상하거나 잘못된 건 아니에요. 하지만 우리가 종종 잊어버리는 사실이 하나 있습니다. 외로움은 단지 슬픈 감정만이 아니라, 나와 더 가까워질 수 있는 기회이지요. 다른 누구의 기준도 아닌 나 자신의 목소리를 들을 수 있는 순간, 내 힘으로 바깥으로 끌어낼 수 있는 기회라는 것입니다.

---

* 고대 그리스 델포이 아폴론 신전에 새겨져 있는 '너 자신을 알라Γνῶθι σεαυτόν'를 라틴어로 번역하면 'Nosce te ipsum'이 되는데, 이 말에서 착안해 '배워라Disce'라는 어휘로 변경해 만든 형태.

여행 작가 브루스 채트윈Charles Bruce Chatwin은 말했습니다.

"걸으며 우리는 자기 내면의 소리를 듣고, 모습을 보게 된다."*

그는 외로움이 오히려 자기 자신을 마주하게 만들며, 외로움이 개인의 내면을 더욱 확대 재생산하는 시간이 된다고 말합니다.

한편, 『연금술사O Alquimista』의 작가 파울로 코엘료Paulo Coelho도 작품 속에서도 외로움에 관한 문구가 있습니다.

"소년은 외로움을 느꼈다. 그는 전에는 한 번도 외로움을 느낀 적이 없었다. 언제나 양들과 함께 있었기 때문이다."**

외로움, 그 속에서 우리는 내가 진짜 원하는 것이 무엇인지, 두려워하는 건 무엇인지, 어떤 방향으로 가고 싶은지를 알게 됩니다. 여기서

---

* 브루스 채트윈Bruce Chatwin의 『파타고니아In Patagonia』 5장에 등장한 '파타고니아에서는 고립이 자기 자신을 과장하게 만든다: 술꾼은 더 술을 마시고, 경건한 자는 더 기도하며, 외로운 자는 더 외로워져 때로는 치명적으로 된다. In Patagonia, the isolation makes it easy to exaggerate the person you are: the drinker drinks; the devout prays; the lonely grows lonelier, sometimes fatally.'에서 알 수 있는 내용.

** 파울로 코엘료Paulo Coelho의 『연금술사』 책의 초반, 주인공 산티아고Santiago가 기르던 양들을 팔고 보물을 찾아 모로코 탕헤르 사막을 향하는 과정 속에 나오는 내용임. [영문판] The boy felt lonely. He had never felt lonely before, because he had always been with his sheep.

외로움은 진정으로 '나'를 만나면, 고독으로 변화합니다. 외로움은 누군가 원하지만 아무도 없는 상태, 고독은 혼자로 충만한 상태입니다.

그는 혼자 있을 때조차 결코 외롭지 않다고 느꼈다.
Nunquam se minus solum esse quam cum solus esset.[*]

고대 로마 철학자 키케로가 언급한 진짜 외로움은 단절이 아니라, 내면의 고요와 자유로 고독을 누리는 순간이 될 수 있다고 말합니다. 이건 공부에도 그대로 적용됩니다. 누구와 경쟁하느냐가 아니라, 내 안의 혼란과 싸우고 나 자신을 이겨내는 일이 공부임을 강조합니다.

"학문과 문학(공부)은 우리에게 위로를 제공하며, 무엇보다 중요한 것은 이 공부들이 우리를 기쁘게 하고 즐겁게 하며, 우리가 홀로 있을 때조차 전혀 외롭지 않게 만들어 준다는 것이다."
"Studia enim ipsa et litterae solacia nobis suppeditant et, quod est maximum, haec una studia oblectant nos et delectant, et perficiunt, ut cum solis simus, minime soli esse videamur."[**]

---

[*] 키케로Cicero의 『책에 관하여De officiis』 3권에 등장한 어구.

[**] 키케로Cicero의 『책에 관하여De officiis』 2권에 등장한 어구.

곧, '학문은 자기 자신과 대화할 수 있는 유일한 친구다'라는 것을 의미하며, 책상 앞에 혼자 앉아 있는 시간은 사실은 나와 함께 있는 시간이라는 뜻입니다. 외로움을 자유로 바꾸는 힘은 시선을 바꾸는 데서 시작됩니다. 혼자일 때, 가장 자유로워질 수 있고, 그 자유 속에서 진짜 나를 만들 수 있습니다. 여러분이 느끼는 외로움은 나약함의 표현이 아닙니다. 그것은 깊은 성찰로 나아가는 문턱일 수 있습니다. 혼자 있는 시간이 길어질수록, 우리는 더 강해집니다. 다른 사람과 연결되지 않은 순간, 비로소 내 안의 '진짜 나'와 연결될 수 있으니까요. 고대 라틴어 격언 중에 이런 말이 있습니다.

밖으로 나가지 말라, 너 자신 안으로 돌아가라.
진리는 내면의 사람 안에 거한다.
Noli foras ire, in te ipsum redi; in interiore homine habitat veritas.[*]

조용히 나와 마주하는 그 시간이 내공을 키우며, 더 단단한 자신을 만들게 될 것입니다.

지금 혼자라고 느끼는 그 순간, 나와의 대화를 시작하고, 천천히 자

---

[*] 아우구스티누스Augustinus의 '진정한 종교에 대하여De Vera Religione'의 39장 등장어구.

신과 친해져 보세요. 외로움은 두려운 감정이 아니라, 내 안의 나를 가장 잘 이해하고, 사랑할 수 있는 기회일지도 모르니까요.

마지막으로 20세기 초 가장 위대한 시인 중 한 명인 라이너 마리아 릴케Rainer Maria Rilke의 말로 끝을 맺을까 합니다.

"어려운 것은 좋은 것이다. 모든 고독한 것은 좋은 것이다. 그것이 어렵기 때문이다."

"Denn das Schwierige ist gut; alles Einsame ist gut: denn es ist schwer."*

* 라이너 마리아 릴케Rainer Maria Rilke의 『젊은 시인에게 보내는 편지Briefe an einen jungen Dichter』 7번째 편지. 카푸스Kappus에게 '삶의 어려움과 고독을 피하지 말고, 받아들이라'는 충고를 하는 내용.